ADOLF ZIENERT

Geographische Einführung für Heidelberg und Umgebung

Mit Exkursions-Vorschlägen

Mit 18 Abbildungen und 4 Karten

HEIDELBERG 1981
CARL WINTER · UNIVERSITÄTSVERLAG

*Umschlagbild: Alt-Heidelberg (16. Jahrhundert) Ausschnitt nach
Sebastian Münster*

CIP-Kurztitelaufnahme der Deutschen Bibliothek

Zienert, Adolf:
Geographische Einführung für Heidelberg und Umgebung: mit Exkursions-Vorschlägen / Adolf Zienert. – Heidelberg: Winter 1981.
ISBN 3-533-03062-8

ISBN 3-533-03062-8

Alle Rechte vorbehalten. © 1981. Carl Winter Universitätsverlag, gegr. 1822, GmbH., Heidelberg
Photomechanische Wiedergabe nur mit ausdrücklicher Genehmigung durch den Verlag
Imprimé en Allemagne. Printed in Germany
Reproduktion und Druck: Carl Winter Universitätsverlag. Abteilung Druckerei, Heidelberg

Inhaltsverzeichnis

Vorwort und Benutzungshinweise	VII
Landschaftsgeschichte des Heidelberger Raumes, kurzer Überblick	1
Heidelberger Taltrichter (mit Exkursion 1)	13
Bergstraße bei Dossenheim, ein Landschaftsprofil vom Ostrand der Oberrheinebene (mit Exkursion 2)	21
Neckartal im Odenwald (mit den Exkursionen 3 und 4)	26
Neckartal, Buntsandstein- und Kristalliner Odenwald (Exkursion 5)	49
Buntsandsteinstufe im Odenwald (mit Exkursion 6)	59
Kristalliner Odenwald (mit Exkursion 7)	73
Periglazial im Odenwald	86
Oberrheinebene und Neckarschwemmfächer (mit Exkursion 8, die bis in den nordwestlichen Kraichgau führt)	88
Schlußbetrachtung	1o6
Schrifttum in Auswahl	1o8

4 Karten als Beilage

Exkursionsrouten:

1	Heidelberger Taltrichter	20
2	Dossenheim - Schauenburg - Jägerhütte	25
3	Heidelberg - Neckargemünd - Bammental - Mauer - Mückenloch - Dilsberg	38
4	Heidelberg - Neckarsteinach - Hirschhorn - Igelsbach - Eberbach	44
5	Stift Neuburg - Peterstal - Wilhelmsfeld - Eichelberg	49
6	Hirtenstein - Siedelsbrunn - Tromm - Wahlen - Böllstein	62
7	Heppenheim - Auerbacher Schloß - Felsberg - Neunkirchener Höhe	75
8	Heidelberg - Neckarschwemmfächer - Rhein-Niederterrasse - Rhein-Aue - Gebirgsrandsenke - Letzenberg	93

Abbildungen: (hier nur gekürzte Titel)

1	Blockdiagramme zur Großformenentwicklung (Z.1954)	4
2	Waldkarten Odenwald 1790 und 1900 (n.HAUSRATH)	9
3	geol.Profil Grundgebirge - Deckgebirge (n.RÜGER)	10
4	Buntsandstein (n.RÜGER)	10
5	Oberer und Mittlerer Buntsandstein (n.BACKHAUS)	11
6	Unterer Buntsandstein (n.BACKHAUS)	11
7	Muschelkalk (n.RÜGER)	12
8	Keuper (n.RÜGER)	12
9	Altstadt Heidelbergs um 1830 (n.altem Plan)	14
10	Tektonik im Heidelberger Taltrichter (n.SIDKI)	17
11	geol.Profil Heiligenberg - Gaisberg (n.SIDKI)	17
12	Schloß Heidelberg	19
13	Ölberg - Königstuhl	112
14	Sammelprofil Grube am Ohrsberg (n.RICHTER)	34
15	geol.Übersichtskarte Odenwald (Z.1954)	57
16	Thurn- und Taxis'scher Posthof Heppenheim (n.WINTER)	76
17	geol.Profil Heidelberg - Leimen-S	112

Karten (als Beilage):

1 Neckartal und Neckarschwemmfächer
2 Streichkurvenkarte
3 Buntsandsteinstufe und -hochflächen
4 Großformen im Kristallinen und Buntsandstein-Odenwald

(die Karten 2-4 ZIENERT 1954, Karte 1 Original 1981)

(die Abb.12, 13 und 17 nach: Erl.z.geol.K.1:25.000 Heidelberg, 1918[3])

VORWORT

UND BENUTZUNGSHINWEISE

Die vorliegende Einführung versucht einen Überblick zu geben im klassisch-geographischen Sinn und soll es Interessenten ermöglichen, sich in die Landschaft, ihre mögliche Entwicklung und manche ihrer Probleme erst einmal einzuarbeiten. Der Text entstand auf Grund über dreißigjähriger Geländeerfahrung und eigener wissenschaftlicher Arbeiten, vor allem aus der Physiogeographie, und außerdem vielen mit Studenten und anderen Interessenten (darunter zur Einführung in das für ihn damals neue Gebiet auch Herrn GRAUL) durchgeführten Exkursionen nach dem alten Grundsatz, daß man Geographie vor allem im Gelände betreiben sollte, zumindest die Landschaft erst einmal aufmerksam betrachtet haben sollte, ehe man über irgendwelche Einzelprobleme oder kleinere Teilräume genauer arbeiten kann.

Zu Beginn wird eine sehr kurze Zusammenfassung der Landschaftsgeschichte unseres Raumes gebracht, die wohl auch als Schlußzusammenfassung verwendet werden könnte. Sie wurde an den Anfang gestellt, um Fortgeschritteneren eine Art Rahmen zu bieten für das Folgende. Anfänger lesen sie besser erst später.

Der weitere Text wurde dann so gegliedert, daß im allgemeinen eine Einführung in einen Teilraum gegeben wird und anschließend versucht wird, eine oder zwei besonders brauchbare Exkursionsrouten durch diesen Teilraum zu begehen und/oder zu befahren, um das in der Einführung Besprochene wirklich verständlich zu machen. Auf Grund der sehr unterschiedlichen Literaturlage und damit des sehr unterschiedlichen Forschungsstandes zu den einzelnen Abschnitten mußte dabei das Niveau unterschiedlich hoch angesetzt werden, sodaß vom Anfänger bis zum schon recht Fortgeschrittenen hoffentlich jeder etwas finden kann.

Die Auswahl und Festlegung der günstigsten Exkursions-Routen aus einer Fülle von Möglichkeiten war besonders schwierig, doch sollten es nicht zu viele werden, und es sollten auch nicht z.B. alle schon bei GRAUL vorgeschlagenen hier wiederholt werden, unter großenteils anderen Gesichtspunkten zwar, aber halt doch durch dasselbe Gebiet. Selbstverständlich ließ es sich zur Besprechung bestimmter Probleme und zum Überblick über das Gesamtgebiet nicht immer ganz vermeiden. Insofern kommen dann auch gelegentlich recht unterschiedliche Auffassungen zur Sprache. Im allgemeinen geht aber GRAUL mehr auf die Klein-

und Mittelformen und ihre Entwicklung ein, während bei mir die Großformen immer schon im Mittelpunkt standen und alle anderen Probleme eher als Hilfsmittel zum Verstehen der Gesamtentwicklung des Gebietes denn als eigene Schwerpunkte angesehen wurden und werden. Daneben wird über die Formenentwicklung sachlich weit hinausgegriffen auf die gesamte Physiogeographie und auf manche anthropogeographischen Fragen zumindest hingewiesen, soweit sie sich nicht kurzfristig zu ändern pflegen (diese Einführung soll nicht nur im Erscheinungsjahr verwendbar sein) oder mit physiogeographischen Fragestellungen etwas zu tun haben.

Neben Bergstraße und Odenwald werden auch die Oberrheinebene in ihrem rechtsrheinischen Teil und der nordwestliche Kraichgau besprochen und besucht. Der Kraichgau und seine Probleme werden nur relativ kurz behandelt, weil es leider bis heute noch nicht gelungen ist, die Entwicklungsgeschichte der Formen dieses Gebietes herauszuarbeiten, trotz vieler und oft guter Beobachtungen und Beschreibungen vieler interessanter Einzelheiten (z.B. KOLB und OLBERT). Das scheinbar so einfache Bild des Kraichgaues ist leider in Wirklichkeit ein aus sehr verschiedenen Gründen besonders kompliziertes. Vielleicht läßt sich in absehbarer Zeit mehr dazu sagen, ein entsprechender Versuch von mir läuft seit Abschluß des vorliegenden Textes, also seit Ende Juli 1981.

Ab S.38 sind mit Ziffern links von den Routenbeschreibungen der Exkursionen die Haltepunkte angegeben. Dieselben Ziffern stehen auch neben dem Beginn der jeweiligen Detailbeschreibungen. Routen- und Detailbeschreibungen wurden getrennt, um Interessenten vor Ausführung der Exkursionen Gelegenheit zu geben, deren Routen leichter auf Karten auffinden und eventuell einzeichnen zu können.

Im Text zitierte Literatur steht wie üblich am Schluß im alphabetischen Verzeichnis, außerdem wird aber in der "Schlußbetrachtung" versucht, wenigstens einen kleinen Überblick über Spezialarbeiten und -führer für unser Gebiet zu geben (S.1o6 ff.). Im Übrigen wurde es vermieden, dauernd Literatur zu zitieren, um den Text leichter lesbar und brauchbar zu machen, z.B. im Gelände.

Anschrift des Verfassers: Dr.A.Zienert, 69 Heidelberg, Gerbodoweg 7

LANDSCHAFTSGESCHICHTE DES HEIDELBERGER RAUMES

KURZER ÜBERBLICK

Über die vor-variskische Formenentwicklung unseres Gebietes ist nur sehr wenig bekannt. Immerhin weiß man, daß es sich bei einigen der heute metamorphen Gesteine des Kristallinen Odenwaldes sicher ursprünglich um Sedimente gehandelt haben muß (z.B. heutige "Hornfelse" oder die seltenen Marmore), von anderen läßt es sich zumindest vermuten.

Man hat leider auch keinerlei Anhaltspunkte dafür, wie das durch die variskische Orogenese entstandene Faltengebirge jemals wirklich ausgesehen haben könnte. Nur die von der sicher etliche Kilometer Mächtigkeit erfaßt habenden Abtragung schließlich übriggelassenen tieferen Stockwerke des Gebirges sind im Kristallinen Odenwald erhalten.
Sie wurden von einer flach-hügeligen Landoberfläche ("permische Abtragungsfläche") aus dem Ober-Rotliegenden nach oben abgeschlossen, von welcher sich Reste vor allem entlang der Buntsandsteinstufe erhalten konnten, von den bedeckt gebliebenen Teilen natürlich abgesehen (ein bekannter Aufschluß befindet sich im Hals-Graben des Heidelberger Schlosses). Weithin bildeten während der letzten Zeit ihrer Ausbildung kristalline Gesteine die leicht hügelige Oberfläche; in meist flachen Senken hatte sich darauf aber auch ein Teil des unter fast wüstenhaften Bedingungen entstandenen Abtragungsschuttes als "Rotliegend-Arkosen" gesammelt. Hinzu waren (bald wieder teilweise abgetragene) Schlotfüllungen und Ergüsse von Porphyr-Laven und dazwischen- bis darauflagernden vulkanischen Tuffen gekommen (z.B. um Dossenheim).

Der Vorstoß des Zechstein-Meeres, das in Norddeutschland u.a. mächtige Salz-Ablagerungen zurückließ, erreichte nach S gerade noch unseren Raum (z.B. Büchsenäcker beim "Köpfle" westlich Ziegelhausen). Dann folgte während großer Teile vom Mesozoikum unter langsamer Absenkung und sehr wechselnden Ablagerungsbedingungen vom Buntsandstein bis in die Jura-Zeit hinein eine maximal bis fast 2 km Mächtigkeit erreichende Sedimenteindeckung des ganzen Gebietes.

In der Kreide und im ältesten Tertiär dürfte nördlich der Linie Weißenburg -- Wiesloch -- Eberbach, nach einer kräftigen "saxonischen" Aufbiegung nur dieses nordwestlichen Gebietes, eine Schichtstufenlandschaft mit nach NW

GEOLOGISCHE ZEITTAFEL

Zeitalter	Formation und Unterabschnitte	Einzeldauer d.Abschnitte	Jahre ab Beginn des Abschnittes insges.	in % der Erdgesch.
NEOZOIKUM (Känozoikum)				1,3
Quartär				
	Holocän (Alluvium)	1o.ooo		
	Pleistocän (Diluvium, Eiszeitalter)			
	Würm-Kaltzeit	7o.ooo ?		
	R/W-(=Riß/Würm-)Warmzeit			
	Riß-Kaltzeit	23o.ooo ?		
	M/R-Warmzeit			
	Mindel-Kaltzeit	42o.ooo ?		
	G/M-Warmzeit			
	Günz-Kaltzeit	6oo.ooo ?		
	D/G-Warmzeit			
	Donau-Kaltzeiten	?		
	Ältest-Pleistocän		1,5 Mill.(2,5)	
Tertiär				
	Pliocän	1o Mill.	11 Mill. (1o)	
	Miocän	14 "	25 " (26)	
	Oligocän	11 "	36 " (38)	
	Eocän	18 "	54 " (52)	
	Paläocän	11 "	65 " (65)	
MESOZOIKUM				3
	Kreide	7o "	135 " (135)	
	Jura	46 "	181 " (19o)	
	Malm (weißer Jura)			
	Dogger (brauner Jura)			
	Lias (schwarzer Jura)			
	Trias	39 "	22o " (225)	
	Keuper			
	Muschelkalk			
	Buntsandstein			
PALÄOZOIKUM				7,5
	Perm	6o "	28o " (28o)	
	Zechstein			
	Rotliegendes			
	Karbon	75 "	355 " (345)	
	Devon	5o "	4o5 " (395)	
	Silur	2o "	425 " (435?)	
	Ordoviz	75 "	5oo " (5oo)	
	Kambrium	1oo ? "	6oo ? " (55o-57o)	
PRÄKAMBRIUM				
	Eozoikum=jüng.Proterozoikum	5oo ? "	1,1 Mia.	14
	Archäozoikum=ält. "	9oo ? "	2 "	22
	Kryptozoikum	⊢— 2,6 Mia.	4,6 "	
	Azoikum			über 5o

Das Gesamtalter von Erde und Mond beträgt übereinstimmend 4,6-4,7 Milliarden Jahre, nach derzeitigem Stand radiometrischer Datierungen.

Die oben angeführten Zahlen stammen etwa von 197o und wurden seither als konventionell gültige Werte angesehen. In (...) eine andere Auffassung.

gerichteten Stufenrändern unbekannter Höhe entstanden sein. Im nordwestlichsten Odenwald (z.B. um Messel) wurde dabei das aus den oben genannten mesozoischen Schichten bestehende (jüngere) "Deckgebirge" völlig abgetragen und kristallines "Grundgebirge" bis Rotliegendes (Rotl. hier = älteres Deckgebirge) wieder entblößt.
Bald nach der Wende Kreide/Tertiär erfolgten auch die Vulkanausbrüche vom Katzenbuckel und vom Steinsberg.

Im Mittel-Eocän bildete sich im späteren Verlauf des N-Teiles des Oberrheingrabens (im S verlief die Entwicklung anders) zunächst eine flache Senke, in welcher sich z.B. die "Braunkohlen von Messel" (bituminöse Schiefer) mit ihren interessanten Fossilien, darunter kleine Urpferdchen, ablagerten.

Aus dem Oligocän lassen sich die ersten tertiären Brüche = Verwerfungen nachweisen. Damit begann die Ausbildung des nördlichen Oberrheingrabens. Gleichzeitig begannen sich die Randgebirge in W und E herauszuheben, an deren (grabenseitigen) Küsten sich verschiedene Küsten-Konglomerate entwickelten, aus deren Gesteinszusammensetzung man auf diejenige des Küstengebietes und eventuell auch des Hinterlandes schließen kann.
Vom Oligocän an sank der in mehrere Schollenstreifen aufgeteilte Grabenboden immer weiter ab. Im tiefsten Teil, dem "Heidelberger Loch", wurden seither fast 4.000 m als Verstellungsbetrag dem Odenwald gegenüber erreicht. Gleichzeitig wurde das Schollenmosaik der Grabensohle teils durch marine, teils durch lakustre (= See-) Ablagerungen, teils durch den Abtragungsschutt aus den immer weiter aufsteigenden Randgebirgen aufgefüllt.
Natürlich mußte sich auch (unter wechselnden Klimabedingungen verschieden) die zumindest im NW bereits vorhanden gewesene Schichtstufenlandschaft der Randgebiete den neuen Gegebenheiten immer wieder anpassen, was vor allem durch ein starkes Zurückweichen der höhergelegenen Stufen (beim Jura z.B. vom Katzenbuckel bis zur heutigen Schwäbischen Alb) und ein weniger starkes der tieferen, sowie durch flächenhafte Erniedrigung der jeweiligen Hochflächen (= "Landterrassen") geschah. Die flächenhafte Abtragung in großen Teilen des Odenwaldes z.B. dürfte seit dem mittleren Miocän größenordnungsmäßig 5o m betragen haben. Im Miocän dürften sich auch die Richtungen der heutigen Täler im Odenwald (Ausnahme der wesentlich ältere Neckar) entsprechend den damaligen Abdachungs- und Untergrundverhältnissen, letzteres gleich dem damals an die Oberfläche getretenen Gesteinsmaterial, ausgebildet haben. Nur die Lage der Grabenränder und der Verlauf des Neckartales im allgemeinen

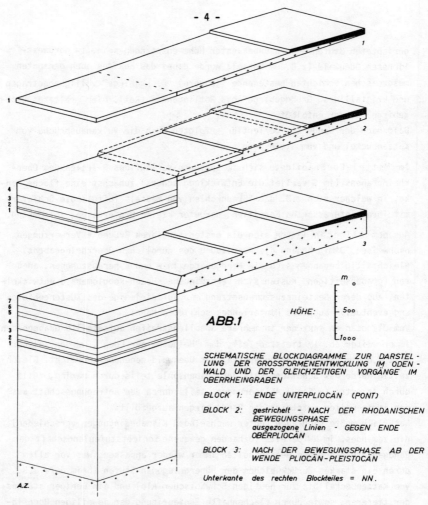

ABB.1

SCHEMATISCHE BLOCKDIAGRAMME ZUR DARSTELLUNG DER GROSSFORMENENTWICKLUNG IM ODENWALD UND DER GLEICHZEITIGEN VORGÄNGE IM OBERRHEINGRABEN

BLOCK 1: ENDE UNTERPLIOCÄN (PONT)
BLOCK 2: gestrichelt – NACH DER RHODANISCHEN BEWEGUNGSPHASE
ausgezogene Linien – GEGEN ENDE OBERPLIOCÄN
BLOCK 3: NACH DER BEWEGUNGSPHASE AB DER WENDE PLIOCÄN–PLEISTOCÄN

Unterkante des rechten Blockteiles = NN.

1 = Leitschicht für die Diagramme (≙ "Heidelberger Schichten", oberster Teil)
2 = grobes Material mit basaler Blockpackung   (930–850 m)
3 = Übergangsschichten   (850–660 m)
4 = feines Material   (660–380 m)
5 = überwiegend Quarzgerölle   (380–335 m)
6 = Wiesenbacher Fazies   (335–230 m)
7 = Maurer Fazies   (230 m mächtig)

wahrscheinliche Datierung (ZIENERT):
1–4 Pliocän, 5 Oberst-Pliocän, 6 Ältest-Pleistocän, 7 ab Alt-Pleistocän.
(.....) = Teufenangaben für die Heidelberger Thermalbohrung (n. BARTZ 1951)
+ + + = Grundgebirge und Perm; eng schraffiert = Buntsandstein im Odenwald

sind älter als Miocän. Der heutige Zustand der Voll- und Hohlformen im Gebirge ist natürlich erst nachher allmählich entstanden, vor allem wohl seit der Wende Pliocän/Pleistocän.

Im Unter-Pliocän waren die Höhenunterschiede zwischen der weiter in dauernder Auffüllung befindlichen Rheinebene einerseits und Odenwald und Kraichgau andererseits wohl nicht groß. Die höchsten Teile des Odenwaldes lagen vielleicht 15o-2oo m über dem Niveau der Ebene, Angaben für den Kraichgau sind mangels entsprechender Untersuchungen bisher nicht möglich. (≅ Block 1)

Es folgte eine Heraushebung des Odenwaldes um etwa 1oo m, wahrscheinlich in der "rhodanischen" Bewegungsphase, und danach wieder eine "Ruhepause" im Gebirge, in welcher sich z.B. die Flachformen im Kristallin um Oberflockenbach ausbilden und selbstverständlich die höher gelegenen Formen weiterbilden konnten, wobei die Buntsandsteinstufe noch etwas zurückverlegt wurde, vor allem an den in sie hineinführenden Taltrichtern. (≅ Block 2)

Im Ober-Pliocän und im Pleistocän (das Alter der Grenze dazwischen schätzte man früher auf rund 6oo.ooo Jahre, inzwischen wird mit mindestens 1,5 Mill. Jahren gerechnet; manche der früher zum Pliocän gerechneten Formen müssen deshalb heute ins Ältest-Pleistocän gestellt werden) folgte eine weitere, wohl noch heute andauernde Heraushebung des Gebirges um insgesamt bis zu 3oo m. Entsprechend mußte sich das Gewässernetz eintiefen. Dabei dürften sich wohl noch im Pliocän auch die höchstgelegenen und damit ältesten der inzwischen längst wieder verlassenen Neckarschlingen zumindest angelegt und weiterentwickelt haben während der immer stärker gewordenen Aufkippung und damit Heraushebung der südlichen Teile des Odenwaldes, die heute schließlich zu den höchsten Teilen des Gebirges gehören. (≅ Block 3)

Im Ältest-Pleistocän schnitt sich der Neckar unter Weiterbildung seiner heute mittelhoch und tiefer gelegenen Schlingen (z.B. der schließlich rund 16 km Flußlauf umfassenden "Maurer Neckarschlinge"), und auch der Wiederabschneidung einiger davon, erstmals bis fast zum heutigen Niveau ein. In dieser Zeit erfolgte die Ablagerung der "Wiesenbacher Schotter", die vorwiegend aus Buntsandstein bestehen, weil dieser in dem damals besonders stark aufsteigenden Südteil des Gebirges bevorzugt ausgeräumt werden mußte, während die für den Fluß vor dem Gebirge gelegene Heilbronner Senke einen großen Teil der Fernschotter des Neckars aufnahm. (≅ Block 3, Ziffer 6)

Ab dem Alt-Pleistocän folgte (im Gebirge darunter, in der Ebene jeweils darüber liegend) die kalkreichere und bunter zusammengesetzte, also wieder mehr Fernmaterial führende "Mauerer Fazies" der Neckarschotter. In den altpleistocänen Mauerer Ablagerungen i.e.S. fand man auch den sehr kräftigen Unterkiefer des "Homo erectus heidelbergensis" und zahlreiche Skelett-Reste der ihn begleitenden, halb "afrikanischen" (Flußpferd, Wald- und Steppen-Elefant, Nashorn, Säbelzahntiger, Löwe, Panther, Hyäne), halb "europäischen" Tierwelt von Mauer (Elch, Hirsch, Reh, Wisent, Wildpferd, Bär, Luchs, Wildkatze, Biber, Wildschwein). (≙ Block 3, Ziffer 7)

Für's Pleistocän lassen sich durch entsprechende Ablagerungen im Gebirge und in der Ebene (s."Neckartal im Odenwald" und "Oberrheinebene und Neckarschwemmfächer") eine ganze Reihe von Kaltzeiten nachweisen, deren Datierung und Einordnung in die üblichen Namens-Reihen aber noch ziemliche Schwierigkeiten macht, weshalb hier darauf verzichtet wird. Dadurch veränderten sich natürlich nicht nur die Abtragungsbedingungen, sondern auch die Tier- und Pflanzenwelt jeweils sehr stark. Die "afrikanischen" Formen verschwanden nach und nach völlig und machten kälteresistenten Arten (Mammuth, Wollhaarnashorn, Ren) Platz. In der Rheinebene lagerten die Schmelzwässer vor allem der Alpengletscher während der auch bei uns weitgehend waldlosen Kaltzeiten Schotter und Sande ab. Dabei wurden jeweils alle älteren Bodenbildungen zerstört oder verschüttet. Es bildeten sich wohl mehrmals Dünen, außerdem wurde feiner Staub aus der Ebene fort- und als Löß an den Bergen angeweht. Vielleicht stammt von einem Teil älterer, längst gebleicht (podsoliert) gewesener Böden der ältere, "graue" Löß im Kraichgau ab.

Im Gebirge überwog gleichzeitig die Abtragung, meist als langsames Abfließen des Auftaubodens über noch gefrorenem Untergrund (= "Solifluktion"), wodurch auch hier die meisten älteren Verwitterungsdecken und ein Teil des inzwischen dort abgelagerten Lößstaubes weggeführt wurden. An anderen Stellen blieb auch viel Löß liegen, vor allem an der Bergstraße und im Kraichgau. Der Neckar führte während der Kaltzeiten auch viel grobes Geröll, darunter große, tonnenschwere Blöcke.

In den jeweils zwischen den Kaltzeiten liegenden wärmeren Zeitabschnitten, hier einfach Warmzeiten genannt, wurden die Flußgerölle immer kleiner, bis schließlich nur Schwemmlehme u.ä. abgelagert wurden. Die Böden mußten sich

jeweils neu bilden. Die höhere Vegetation kehrte zunächst zurück, mußte am
Ende der Warmzeiten aber größtenteils wieder verschwinden.

Im Jung-Pleistocän erfolgten in der Ebene die letzten glazial gesteuerten Ablagerungen in Form der Sand- und Schotterflächen (= "Niederterrasse",
weil sie in den Gebirgen meist die unterste ist, also die Niederungen bildet;
hier in der Ebene ist sie aber als jüngste natürlich die oberste Füllung größerer Mächtigkeit) und aus ihnen die Auswehung von Sand und zumindest der
jüngsten Folgen vom "jüngeren" = gelblichen Löß. Am Ostrand der Ebene entwickelte sich (vergl."Heidelberger Loch") die Gebirgsrandsenke immer noch weiter. In ihr brachte der von S kommende "Gebirgsrandfluß" Material vor allem
aus dem Schwarzwald an. Weiter im N verlief der "Bergstraßen-Neckar" als Fortsetzung des Odenwald-Neckars in eben dieser Senke und erreichte erst bei Groß-Gerau etwa den Rhein. Der Neckarschwemmfächer in seiner heutigen Form wurde
aufgeschüttet. Er versperrte dem Gebirgsrandfluß der Kinzig-Murg-Rinne den Weg
nach N, sodaß dieser südlich davon den Weg zum Rhein fand. Auf seinem Schwemmfächer mündete der Neckar zumindest zuletzt delta-artig in die Ebene aus (vergl. die "alten Neckarrinnen"). Im Gebirge gab es wieder die verschiedenen Formen periglazialer Verwitterung und Abtragung. Die Schuttansammlungen am Fuß
der Berge und die "Felsenmeere" (Blockströme) an ihren Hängen erhielten ihre
heutige Form.

Im Holocän kehrte nach und nach die höhere Vegetation wieder. Die vorher
frei beweglichen Dünen, meist Sicheldünen, wurden durch die Vegetation nach
und nach überwältigt und schließlich als "Parabeldünen" festgelegt. Die Ablagerungen zunächst vom Rhein und später auch vom Neckar wurden aus verschiedenen Gründen immer feiner; Schwemmlehm mit verschiedenen Aueböden darauf
entstanden.

Das Dünengebiet auf der nach E leicht abfallenden Niederterrasse westlich von
Schwetzingen und Ladenburg wurde vom Rhein und vom Neckar her durch Prallhänge von Fluß-Mäandern immer stärker angenagt (bei Wallstadt z.B. kennt man aber
auch alte, vom Dünensand wieder überwehte Neckarbetten). Schließlich erfolgte
in der "frühen Kiefernzeit" = etwa vor 9.000 Jahren bei Seckenheim der Durchbruch oder Überlauf bei einem Hochwasser des Neckars.

Der Rhein hatte inzwischen seine heutige Rheinaue und damit die Hochgestade
beiderseits davon weitgehend ausgebildet, lag also tiefer als der noch Schwemmlöß führende Neckar, auch wenn letzterer sich bereits etwas in seine oberste

Schwemmfächer-Fläche einzutiefen begonnen hatte in Form einer ersten, trichterförmig ausgebildeten und noch zum Bergstraßen-Neckar gehörenden Neckaraue. Der Neckar mußte sich also nach seinem Durchbruch erneut eintiefen und allmählich die heutige, tiefere, zweite Neckaraue entstehen lassen. Die Böden der ersten Aue konnten sich nun zu schwarzerdeartigen Aueböden weiterbilden, die Böden auf dem Schwemmfächer selbst zu Parabraunerden bis Braunen Waldböden; auch sie waren zunächst Aueböden gewesen.

Gleichzeitig entstanden in der Umgebung, je nach den lokalen Klima- und Bodenverhältnissen verschieden schnell, aus den zunächst aufgetretenen Haselgebüschen und Kiefernwäldern allmählich verschiedene Eichen-Mischwälder, auf den Höhen der Berge schließlich Buchenwälder.

Die Vegetationsentwicklung wurde aber sicher recht bald durch den Menschen gestört, in älteren Zeiten vor allem auf dem Neckarschwemmfächer, an der Bergstraße und im Kraichgau, also auf den besseren Böden, später auch im Gebirge. Auf alten Stichen z.B. wird der Königstuhl meist ziemlich kahl dargestellt. Erst in den letzten beiden Jahrhunderten wurden der Odenwald und die anderen deutschen Mittelgebirge durch Aufforstung mit zunächst nur anspruchslosen Hölzern wieder zu Waldgebirgen gemacht. Auf den degradierten Böden kam zuerst meist nur die Kiefer in Frage, zum Teil auch die Fichte. Erst allmählich kehrte man und kehrt man wieder zu etwas natürlicher zusammengesetzten, also gemischteren Beständen zurück.

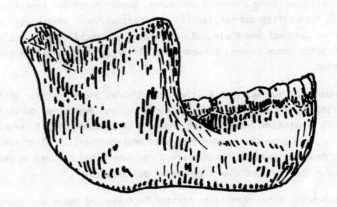

Unterkiefer des Homo erectus heidelbergensis (verkleinert)

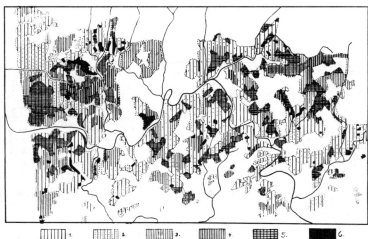

Abb.2: Waldkarten des Pfälzer Odenwaldes nach HAUSRATH (1905):
A: um 1790   B: um 1900
1 reines Laubholz 2 Laubholz mit einzelnem Nadelholz 3 Laubholz mit bis zu 50% Nadelholz 4 Nadelholz mit bis zu 50% Laubholz 5 Nadelholz mit einzelnem oder mit unterständigem Laubholz 6 reines Nadelholz
1790 "Laubholz" bis zur Hälfte "Niederwald"=Schälwald, Rest z.T."Mittelwald"

- 10 -

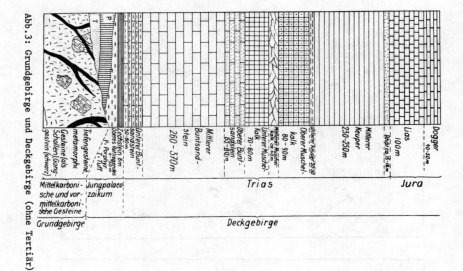

Abb. 3: Grundgebirge und Deckgebirge (ohne Tertiär)

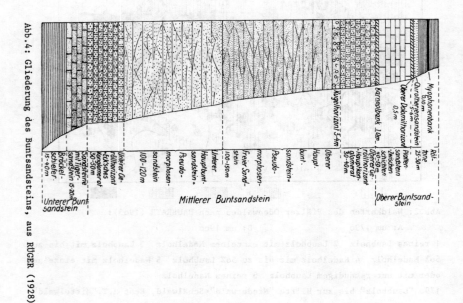

Abb. 4: Gliederung des Buntsandsteins, aus RÜGER (1928)

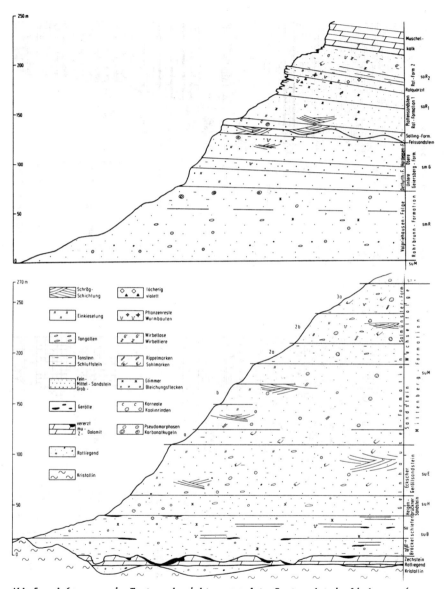

Abb.5 und 6: neue, im Text noch nicht verwendete Buntsandsteingliederung (n. BACKHAUS); alle Karten und sonstigen Veröffentlichungen benutzen die alte Gliederung der Geologischen Landesämter

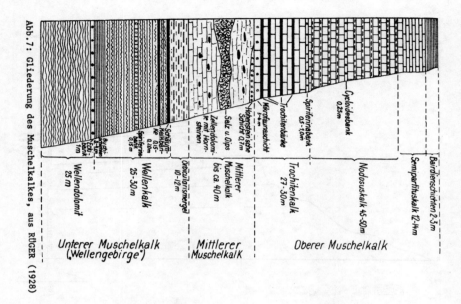

Abb. 7: Gliederung des Muschelkalkes, aus RÜGER (1928)

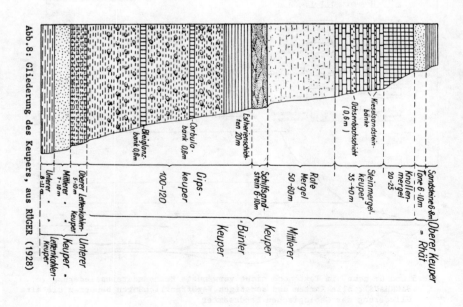

Abb. 8: Gliederung des Keupers, aus RÜGER (1928)

HEIDELBERGER TALTRICHTER

Durch die tektonischen Vorgänge bei der Bildung des Oberrheingrabens wurde unser Raum stark umgestaltet. Die Oberrheinebene westlich der "Hauptverwerfung" (etwa entlang der Linie Bergstraße - Gaisbergstraße) sank stark ab, der Odenwald dagegen wurde herausgehoben. Dabei blieb ein rund 1,5 km breiter Randstreifen des Gebirges beiderseits von Neckar etwas zurück (vergl.Abb.1o), im Gaisberg z.B. rund 2oo m. Zwischen dieser "Vorstaffel" (Nordende = Gaisberg) samt nördlicher Fortsetzung (= Heiligenberg) und den höher gelegenen Schollen östlich davon (mit Weißem Stein und Königstuhl) liegt die "Hirschgassen-Verwerfung" (genau genommen liegt sie am W-Hang des von der Hirschgasse durchzogenen Tälchens), südlich vom Neckar auch "Molkenkur-Verwerfung" genannt. Östlich von ihr steht nördlich vom Neckar bis in 27o m, südlich bis in rund 2oo m MH Granit an. An dieser Verwerfung als W-Grenze endeten deshalb die früher ab Ziegelhausen vorhanden gewesenen, vielen Granitklippen im Neckar, während die selteneren Klippen westlich davon bis vor zur Hauptverwerfung aus Buntsandstein bestanden (am Neuenheimer Ufer sind kleinere davon erhalten).

Auf dem Granit und bis in den Unteren Buntsandstein hinein bildete sich beiderseits vom Neckar die "Granitdenudationsterrasse" aus (vergl.Abb.1o), die nördlich der Flußkerbe z.B. nach Osten bis zu den "Büchsenäckern" oberhalb vom Stift Neuburg reicht und in Ziegelhausen dann rasch abtaucht (s.auch Exk.5,S.49).

Der Schollenstreifen vom Heiligenberg zum Gaisberg und damit zur eigentlichen "Vorstaffel" ist aber noch mehrfach quergestört. Im unteren Mühlental ist es wohl nur die Klüftung, welche die Talrichtung bestimmt. Eine leicht s-förmig gekrümmte Verwerfung aber zieht z.B. von der "Klinge" (man versteht darunter ein steiles, schmales Erosionstälchen) schräg nach NW und trennt dort die "Bismarckturm-Scholle" vom Heiligenberggebiet ab. Möglicherweise noch wichtiger für die Entstehung des Heidelberger Taltrichters ist dann eine im Neckar etwa W-E-streichende Verwerfung. Von wenig nördlich dieser Verwerfung an nach S hat der Fluß ein keilförmiges Stück Buntsandstein ausgeräumt und schließlich mit Niederterrassen-Schottern bedeckt und damit die spätere Anlage der Altstadt von Heidelberg (vergl.Abb.9) ermöglicht. Die erste Siedlung lag allerdings auf der einzig wirklich hochwassersicheren Stelle in diesem Taltrichter, nämlich auf dem Schwemmfächer unterhalb der "Klinge", der sich von S her noch auf die Niederterrasse aufgelagert hatte.

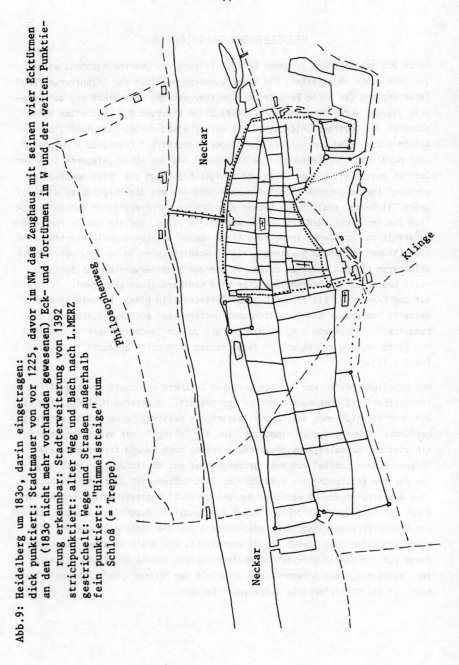

Abb. 9: Heidelberg um 1830, darin eingetragen:
dick punktiert: Stadtmauer von vor 1225, davor im NW das Zeughaus mit seinen vier Ecktürmen
an den (1830 nicht mehr vorhanden gewesenen) Eck- und Tortürmen im W und der weiten Punktierung erkennbar: Stadterweiterung von 1392
strichpunktiert: alter Weg und Bach nach L.MERZ
gestrichelt: Wege und Straßen außerhalb
fein punktiert: "Himmelssteige" zum Schloß (= Treppe)

Der Klingen-Schwemmfächer ist z.B. am Anstieg der Grabengasse nach S oder am leichten Ansteigen der Hauptstraße von der Theaterstraße bis zum Universitätsplatz, sowie in der Plöck bis zur Universitätsbibliothek erkennbar. Etwa auf seinem höchsten Punkt steht heute noch die Peterskirche, die wahrscheinlich 1196 erstmals erwähnte, älteste Kirche Heidelbergs. Sie war zunächst eine Filialkirche derjenigen von Bergheim; erst später wurde als ihre eigene Filialkirche die Heiliggeistkirche errichtet.

Als die Stadt Heidelberg gegründet wurde blieb die Peterskirche Pfarrkirche, obwohl sie nunmehr außerhalb der Befestigungen lag. Ebenso lag das Zeughaus, meist fälschlicherweise Marstall genannt, v o r der Stadtbefestigung. Dafür war die Stadt mit dem auf dem vordersten, durch das Friesenberg-Tälchen etwas abgetrennten Sporn der Granit-Denudationsterrasse gelegenen Schloß durch Mauern verbunden (statt "Schloß" sollte man für die damalige Zeit besser "Untere Burg" sagen; auf den Resten der "Oberen Burg" auf dem Sporn zwischen dem Nordhang zur Stadt und der Klinge steht heute die Höhengaststätte "Molkenkur").

Die vor 1225 fertig gewordene Stadtmauer von Heidelberg verlief von der "Heuscheuer" die "Grabengasse" entlang zum "Hexenturm", bog dort um zum Südende der "Ketten(tor)gasse" und zur "Zwingerstraße"; die östliche Begrenzung bildete etwa die "Plankengasse". In der Neckarfront der Stadt (alle Straßen davor wurden später aufgeschüttet) standen die Brückentürme der "Alten Brücke" und die schon erwähnte Heuscheuer, sowie das Zeughaus="Marstall".
Die Stadt erhielt bei ihrer Gründung einen Angerdorf-ähnlichen Grundriß. Zwischen den sich am Heumarkt trennenden und im Osten wieder vereinigenden Hauptstraßen (der oberen und der unteren "Gasse") stehen z.B. Rathaus und Heiliggeistkirche.

Schon bald wurde die Stadt zu klein. 1392 erfolgte die Erweiterung nach W bis zur heutigen Sophienstraße und damit bis zur damaligen Westgrenze der Heidelberger Gemarkung, die nur den Taltrichter umfaßte. Nur Neuenheim, ehemals ebenfalls Fischerdorf, hatte eine ähnlich kleine Gemarkung, alle anderen waren wesentlich größer. Das alte Dorf Bergheim wurde aber gleichzeitig mit der Stadterweiterung eingemeindet, zur Schaffung eines freien Schußfeldes vor der Stadtbefestigung ("Festungs-Glacis") geschleift und die Bauern vorwiegend in der Plöck und der vorderen Hauptstraße angesiedelt. Noch bis um 1950 trabten Mistfuhrwerke aus dem östlichen Teil der Plöck über die Theaterstraße und die Hauptstraße bis zu den inzwischen fast bei Kirchheim

gelegenen Feldern, ehe (u.a. zur Erleichterung des wachsenden Autoverkehrs) die letzten Bauern ausgesiedelt wurden.
Die Erweiterung der Stadt über die Sophienstraße hinaus nach W erfolgte erst ab der Mitte des 19.Jh., der alte Bahnhof im Bereich der heutigen Kurfürstenanlage und das Klinikviertel an der Bergheimer Straße entstanden damals im freien Feld vor der Stadt.

NECKAR UND NECKARSCHIFFAHRT

Zumindest gleichzeitig mit der Heraushebung des Odenwaldes muß sich der Neckar bereits ausgebildet und dann gegen die andauernde Hebung des Gebirges jeweils durchgesetzt haben, sonst würde das Wasser ja nicht gerade seinen Weg durch die heute höchsten Teile des südlichen Odenwaldes genommen haben. Zuletzt mußte er sich dann sogar in den harten Granit einschneiden. Nur ein großer und schotterreicher Fluß konnte das schaffen. Trotzdem gab es für ihn einige Schwierigkeiten, sonst hätte es nicht bis zu den Sprengungen im Rahmen der Kanalisierung z.B. zwischen Ziegelhausen und der Alten Brücke rund 1oo Granitklippen im Fluß gegeben, darunter den "Hackteufel" etwa im Bereich des heutigen Karlstorstauwehres, eine mit Strudellöchern versehen gewesene Klippengruppe (Abb.in RÜGER 1928, S.238) wenig östlich der den Granit zu Tage bringenden Verwerfung.
Die Neckarschiffahrt hatte damals viele Schwierigkeiten zu überwinden. Im Sommer konnte man oft durch den Fluß waten, bei Hochwasser dagegen reichte das Wasser in der Stadt manchmal bis an den Fuß der nördlichen Eingangspforte der Heiliggeistkirche (siehe auch die Hochwassermarken an der Alten Brücke). Dazu kamen die vielen Klippen von der "Hauptverwerfung" im W bis Ziegelhausen im Osten. Von der großen Gefahr für die damals recht kleinen Neckarschiffe zeugt z.B. der Name Hackteufel für die gefährlichste Klippengruppe in den Stromschnellen am Ostende Heidelbergs. Andererseits konnte das Gefälle z.B. durch die alte "Herrenmühle" genutzt werden, deren Nachfolgerin bis zu ihrem Ende vor wenigen Jahren das Recht hatte, dem Neckar Wasser zur Energiegewinnung zu entnehmen, weshalb der Karlstor-Staustufe das sonst übliche eigene Kraftwerk fehlt. In den Zeiten mittlerer Wasserstände ließ man die Schiffe flußabwärts mit der Strömung treiben. Den Fluß aufwärts wurden sie dagegen meist "getreidelt", d.h. durch Menschen und/oder Pferde vom den Neckar am Nordufer begleitenden "Leinpfad" aus gezogen, gelegentlich unterstützt durch Segelbenutzung. Erst gegen die letzte Jahrhundertwende (um 188o) wurden auf dem Neckar Ketten-

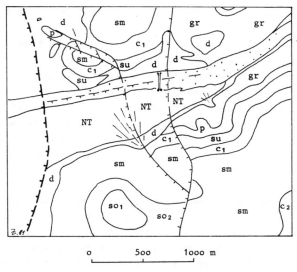

Abb.1o:

Geologie und Tektonik im Heidelberger Taltrichter (n.geol.K.1:25.ooo Bl.Heidelberg und SIDKI 1977)

NT Niederterrasse p Perm d pleistocäne Ablagerungen allg.
Punkte im Neckar: wichtigste frühere Klippen im Fluß

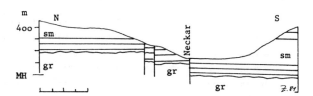

Abb.11:

geologisches Profil vom Heiligenberg zum Gaisberg (n.RÜGER, korrigiert n.SIDKI 1977), oberhalb vom Granit sind nicht beschriftet: Perm = Rotliegendes und Zechstein, su = Unterer Buntsandstein, c_1 = Eck'-sches Konglomerat; sm = Mittlerer Buntsandstein; darüber: c_2 = Hauptkonglomerat, so_1 = Plattensandstein

schlepper eingesetzt, die sich mit Dampfkraft an einer im Fluß versenkten, schweren Kette entlangzogen.

Seit dem Ausbau des Neckars zum Kanal mit Stauwehren ab den 2o-er Jahren dieses Jahrhunderts konnte man dann ganzjährig eine Art künstliches Hochwasser erhalten und damit fast ganzjährig (Ausnahme größere Hochwässer) Schiffahrt treiben. In den 7o-er Jahren wurde die Fahrrinne nochmals vertieft, um zunächst "Europa-Kähnen" (135o t, 8o m lang und 9,5 m breit), später auch Schiffen bis zu 17oo t die Benutzung des Flusses zu ermöglichen. Meist genügte es zu baggern, im Bereich der ehemaligen Granitklippen mußte man aber schwere Schiffsmeißel einsetzen, was nicht nur zeitraubend war, sondern auch viel Lärm verursachte.

Der älteste Heidelberger Hafen lag übrigens an der Stelle des heutigen Neckarmünzplatzes. Der dortige Eckturm vom Zeughaus heißt heute noch "Krahnenturm" (im Dialekt "der Krahnen" als Einzahl). Als nächstes diente der Stadtgraben an der Stelle des heutigen Bismarckplatzes als Hafen, bis er zugeschüttet wurde, u.a. wegen "zu viel Gestankes". Der heutige "Hafen" westlich der Ernst-Walz-Brücke wurde erst nach dem 2.Weltkrieg mit modernen Entladeeinrichtungen versehen, vor allem für die damalige Versorgung der Stadtwerke und der Amerikaner mit Kohle. Diese Bedeutung verlor er inzwischen völlig und ist auch für Baustoffe (198o) nur noch für wenige Jahre genehmigt.

BESONDERHEITEN VON KLIMA UND VEGETATION

Für die bessere Entlüftung der Altstadt an heißen Tagen sorgte und sorgt unter bestimmten Witterungsbedingungen der "Heidelberger Talwind", ein gegen Abend einsetzender, das Neckartal abwärts fließender Strom kühlerer Luft (also eigentlich ein "Bergwind"). Er wirkt sich in der kühleren Zeit des Jahres noch im Freiland des Botanischen Gartens als Schädiger empfindlicher Pflanzen aus und reicht oft bis über Wieblingen hinaus nach W. Das Lokalklima der Altstadt macht er während der heißen Zeit des Jahres aber wesentlich erträglicher als es ohne ihn wäre.

Sehr wichtig für das Lokalklima in dem W-E-verlaufenden Talstück um Heidelberg sind auch die Expositionsunterschiede. Der südexponierte = Sonnen-Hang zwischen dem Philosophenweg und dem Neckar, im Westen bis zum Bismarck-Turm hinauf, im Osten etwas über die Hirschgasse hinaus, war noch um die Jahrhundertwende völlig mit Wein bestanden. Die klimatische Begünstigung dieses Hanges zeigt sich auch darin, daß in einem der Privatgärten dort jahrelang mediterrane Zwergpalmen im Freien überwintern konnten. An der Südseite des alten Botanischen Institutes am Bismarckplatz, heute steht dort das Kaufhaus Horten, reiften Jahr für Jahr Feigen. Der nordexponierte = Schatten-Hang südlich der Stadt ist dagegen bis unten hin bewaldet; trotzdem konnte ein Liebhaber in einem Villengarten am Schloßwolfsbrunnenweg die verschiedensten Bambūs (angeblich über 2o Arten) wachsen lassen, begünstigt durch den dortigen Quellhorizont.

Besonders reich ist Heidelberg und seine nähere Umgebung an exotischen Bäumen und Sträuchern. Dr.Tischer vom Verein Alt-Heidelberg konnte in den 5o-er Jahren in Heidelbergs Gärten und Anlagen wesentlich mehr Exoten-Arten feststellen als auf der dafür so berühmten Insel Mainau, wo z.B. die Zitronen im Winter beheizt unter Glas stehen, während in Dossenheim an der evangelischen Kirche ungeschützt ein Bäumchen jahrelang Früchte trug. Hinzu kommen die teilweise inzwischen über 1oo Jahre alten Exotenbestände im Schloßgarten (wo sie allerdings von der staatlichen Schloßverwaltung immer stärker dezimiert werden) und im Heidelberger Stadtwald, vor allem im Bereich Sprunghöhe (mit der großen Rhododendron-Anlage) und von dort bis zum Speyerer Hof und darüber hinaus nach S.

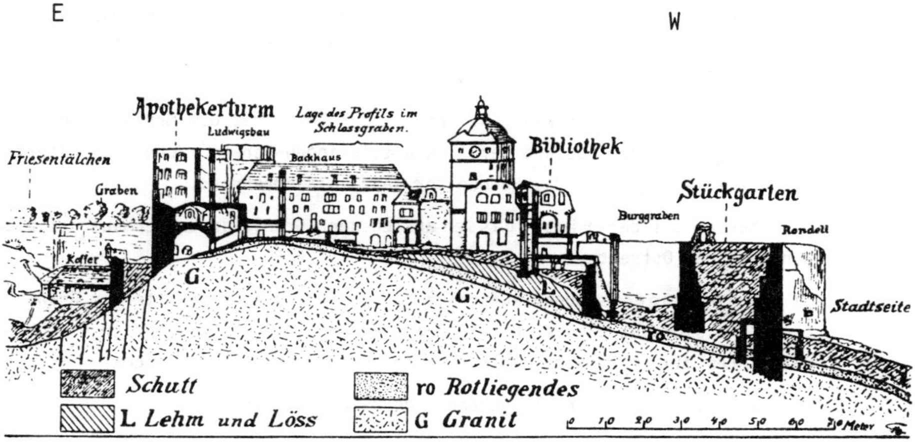

Abb.12: Geologisches Profil durch das Heidelberger Schloßgelände, aus den Erl. zur geol.Karte 1:25.000 Heidelberg

Exkursion 1: (alles zu Fuß)
Heidelberger Taltrichter. (allgem.Einführung siehe vorstehenden Text)

Exkursionsweg: Beginn am nördlichen Brückenkopf der Theodor-Heuß-Brücke oder am Ufer unterhalb davon; erreichbar vom Bismarckplatz in Richtung N = Neuenheim. Von dort zum Albert-Überle-Weg und Philosophenweg, die Hirschgasse wieder hinunter zum Karlstor-Wehrsteg, am Karlstor vorbei (Unterführung) zur Hauptstraße, die erste Abzweigung links ab = Friesenbergweg zum Schloßgraben und über die Brücke zum Schloßhof und Schloßaltan.
Anschlußmöglichkeit: Schloßführung (mit Apotheken-Museum).

Am Brückenkopf allg.Einleitung plus Neckar und Neckarschiffahrt.

An der Haarnadelkurve vom Albert-Überle-Weg Aufschluß im Buntsandstein: Schichtung und "Kreuzschichtung", verschiedene Färbung bzw. Bleichung. Entstehung fluviatil bis amphibisch, Schüttung von S, Herkunftsgebiet = "Vindelizisches Land" (heute unter Schwäbischer Alb und Alpenvorland), Gerölle deshalb nach N zu immer kleiner, bei uns meist nur noch haselnuß- bis erbsengroße Quarze.

Vom Philosophengärtchen aus guter Oberblick über Taltrichter und Stadt.

Kleiner Abstecher zum oberen Philosophenweg östlich vom Bismarckturm, dort Aufschluß im Buntsandstein jenseits der Verwerfung. Verschieden mächtige Bankung; Absetzklüfte erkennbar, entstanden durch Wegfall des seitlichen Haltedrucks auf der Talseite plus Schwerkraft.

Am (unteren) Philosphenweg weiter bis zur Tafel mit dem Merian-Stich: Vergleich mit heutigem Zustand der Altstadt. Klingen-Schwemmfächer mit Peterskirche gut erkennbar (und Bau-Sünden der letzten Jahrzehnte).

Im unteren Teil der Hirschgasse anstehender Granit in Gartenmauer einbezogen (auf der Ostseite).

Im Schloßgraben schöner Aufschluß an der Südseite: Angewitterter Granit mit Gängen, diskordant darüber Rotliegend-Arkosen (vergl. Landschaftsgeschichte), dazwischen die "permische Landoberfläche". Etliche Quellfassungen.

Vom Schloßaltan nochmals schöner Oberblick möglich.

BERGSTRASSE BEI DOSSENHEIM
EIN LANDSCHAFTSPROFIL VOM OSTRAND DER OBERRHEINEBENE

Westlich vom OEG-Bahnhof Dossenheim und der Bundesstraße 3 (= "neue" Bergstraße) liegt auf dem Ostrand des Neckarschwemmfächers in rund 11o m MH ein neuer Ortsteil von Dossenheim, der tiefstgelegene des Ortes.

Die B3 selbst wurde oberhalb eines wenige Meter hohen Anstieges gebaut, der früher die Weinbau-Untergrenze trug, da die Kaltluft bei Spätfrösten oft nicht mächtiger war als dieser Anstieg. Er entspricht gleichzeitig der Untergrenze der "Bergstraße" genannten Landschaftseinheit.

Von der B3 an nach E folgt zunächst der Ortsstraße entlang ein flacher Anstieg, doch bald zeigen sich nördlich (am Friedhof z.B.) und südlich der Straße steilere, sie verläuft also in einem flachen Quertälchen.

Weiter im E liegt zwischen diesem und einem zweiten, in das erste einmündenden Quertal der alte Ortskern von Dossenheim, in gewundenem Verlauf von der "alten" Bergstraße durchzogen, die der ganzen Landschaftseinheit den Namen gab.

Alle -heim-Orte unseres Gebietes wurden bereits im Lorscher Codex erwähnt, sind also mindestens 12oo Jahre alt. Die Endungen der Dialektnamen auf -e (Hendesse, Dossene, Schriese) könnten nach Untersuchungen aus dem schweizerischen bis süddeutschen Raum sogar auf noch wesentlich höheres, schriftlich hier aber nicht belegtes Alter hindeuten (MARTI 1947).

Die Ortslage auf Löß am Fuß des Gebirges, außerhalb von Hochwassergefährdung und doch an zwei Bächen (Wasserversorgung zumindest zum Löschen) ist für den alten Ortskern kennzeichnend. Der tiefstgelegene Ortsteil konnte erst errichtet werden, nachdem Rückhaltebecken weiter oben am Hang gebaut worden waren.

Der Fuß der Berge (und die dort verlaufende "Hauptverwerfung" zwischen Oberrheingraben und Odenwald) ist bedeckt mit an der "Bergstraße" bis über 2o m mächtig werdenden äolischen Sedimenten, dem "Löß". Soweit hier angeweht nennt man ihn Primärlöß, im Gegensatz zum wieder umgelagerten Schwemmlöß, der z.B. den sonst überwiegend aus Schottern und Sanden aufgebauten Neckarschwemmfächer etwa 1-2 m mächtig überdeckt.

Während der Kaltzeiten waren die von Gletscher-Schmelzwässern vor allem aus den Alpen und deren Vorland angeschleppten Kiese, Sande und Schlammablagerungen im Oberrheingraben weitgehend vegetationsfrei. Trockneten sie oberflächlich ab, so konnte der Wind den Kies natürlich nicht mitnehmen, den Sand aber zu Dünen aufwehen und den Staub weit ins Land blasen. Rheinlöß ist bis mindestens nach

Würzburg und Stuttgart nachweisbar. Vor allem am Fuß der Berge blieb viel davon als "Primärlöß" liegen. Er besteht zu etwa 75 % aus Feinsand, der Rest enthält neben Kalk aber viele, durch Verwitterung leicht nutzbar werdende Pflanzennährstoffe. Auf seiner Oberfläche entwickelten sich nach der letzten Kaltzeit verschiedene Böden, die allerdings durch die Nutzung und deren Folgen inzwischen meist längst zerstört wurden. Gelegentlich ist die Bildung von "Sekundär-Rendzinen" (SEMMEL) erkennbar.

"Löß-Hohlen" (Hohlwege im Primärlöß-Bereich) sind häufig im alten Weinberggelände. Durch Wagenräder oder durch andere Beanspruchung des Untergrundes wird die sonst standfeste Primärstruktur vom Primärlöß zerstört, dann wird er leicht abspülbar. Ähnliches gilt bei Verlehmung seiner Oberfläche. Der Weg tieft sich ein, während die Lößwände durch ihre vertikalen Strukturelemente und entsprechende Wasserdurchlässigkeit stehen bleiben, allenfalls plattig abschuppen. Auch lassen sich Weinkeller usw. leicht in genügend mächtigen Löß graben, man muß nur darauf achten, eine gewölbte Decke und genügend Löß darüber stehen zu lassen.

Höhenstufen von Vegetation und Nutzung: Auf den Schwemmlößböden des Neckarschwemmfächers überwiegen Felder, in den verschiedenen alten Neckar- und Bachrinnen mit ihren Naß- bis Aueböden Wiesen. Von der natürlichen Vegetation ist allenfalls an Bachläufen noch etwas zu finden.

Etwa so weit hinauf, wie der Löß reicht, ist Weinbau möglich. Man spricht deshalb von der Weinbau- oder "collinen" Stufe, hier einfach "Bergstraße" genannt (Obergrenze 2oo-25o m MH je nach Exposition). Die besten Lagen gibt es in SW-Exposition (Nachmittagssonne). Auf den flacheren, unteren Teilen dieser Höhenstufe ist wegen gelegentlich doch auftretenden Spätfrösten aber Obstbau früher oft wichtiger gewesen als der Wein. Ursprünglich müßten verschiedene "trockenere" Typen von Eichenmischwäldern vorhanden gewesen sein.

Sobald der Löß nach oben aufhört und, wie üblich in Gebirgen, das Klima kühler und ozeanischer wird, folgen verschiedene "feuchtere" Eichenmischwaldtypen der "submontanen" und noch weiter oben (etwa ab 4oo m MH) Buchenwälder der "montanen" Stufe. Durch die Forstwirtschaft (nach vorher weitgehender Degradierung der Wälder begann sie vor rund 2oo Jahren mit der Wiederaufforstung, s.HAUSRATH, auch in RITTMAYER) wurden vor allem Nadelbäume eingebracht, in den tieferen Lagen wohl schon zur Römerzeit Edelkastanien verbreitet.

Gebirgsrand und "Hauptverwerfung": Der ziemlich gerade verlaufende Gebirgsrand, der Westabfall des Odenwaldes, wird von einer Bruchstufe gebildet. Die "Sprunghöhe" (Versetzungsbetrag) dieser Verwerfung im Raum nördlich von Heidelberg dürfte bei etwa 3ooo-4ooo m liegen. Der größte Teil davon diente zur Absenkung des heute tiefstgelegenen Teiles des Untergrundes im nördlichen Teil des Oberrheingrabens in Form des "Heidelberger Loches". Die Absenkungsachse des südlichen und mittleren Teiles trifft hier auf die nach NNW abknickende westliche Randverwerfung der Odenwald-Aufwölbung, wodurch die besonders hohen Verstellungswerte erklärbar werden.

Porphyre: Während der letzten Abtragungsphasen wurden die in unserem Gebiet schon sehr tief abgetragen gewesenen Reste des Variskischen Faltengebirges im Mittel- und Oberrotliegenden mit einem Flachrelief überzogen, kristalline Teilhorste recht weitgehend eingeebnet, Teilsenken aufgefüllt. In einer dieser Senken wurden außer vulkanischen Tuffen und dergleichen auch die Porphyre als Lavaströme abgelagert, teilweise auch schon wieder abgetragen, und schließlich noch von Rotliegend-Arkosen zugedeckt, in welchen Granite und Porphyre enthalten sind. "Arkosen" sind in ariden Gebieten entstandene Ablagerungen meist eckiger Bruchstücke, in welchen sogar noch die sonst zuerst verwitternden Feldspäte erhalten sind.

Porphyr ist ein weitgehend amorphes, z.T. beim Abkühlen säulig abgesondertes, saures Ergußgestein, das in seiner Zusammensetzung etwa dem in der Tiefe langsam erstarrten und deshalb kristallinen Granit entspricht. In den Dossenheimer Porphyren ist teilweise sehr schöne "Fluidaltextur" erkennbar, auch in den hier "Schwartemage" genannten Primär-Breccien (bereits erstarrte Lava wurde bei späteren Ausbrüchen zerbrochen und wieder in die noch flüssige Lava aufgenommen, von ihr umflossen; die Schlieren zwischen den Bruchstücken erstarren und ergeben die Fluidaltextur). In die Klüfte sind oft Eisen- und Mangan-Verbindungen eingewandert, selten auch bituminöse Stoffe. In den höheren Partien wurden viel später Löß und Lößlehm eingespült, weshalb der frisch violettbläuliche Porphyr meist gelbbräunlich zu sein scheint.

Porphyrtuffe und dergleichen waren oft sehr fein, doch gibt es auch bis mehrere cm große, meist kantige Bröckchen darin. Im Laufe der Zeit sind die meisten sehr hart geworden, z.B. durch Thermalwässer verschiedener Herkunft verkieselt, ja selbst zu grünlichem Pseudo-Chalcedon umgewandelt (s.Weinbergmauern südlich der Strahlenburg bei Schriesheim). Auch gibt es in den Tuffen bis 3 cm dicke Eisen-Mangan-Krusten.

Porphyr wurde früher zur Stückung von Straßen gebraucht, als ziemlich selbsttragender Unterbau also und gleichzeitig Drainage unter Sand und Granit-Pflastersteinen. Heute wird er nur noch als Schotter beim Bahn-, Straßen- und Wegebau benutzt, da Porphyr bei Beanspruchung nicht fortspritzt, sondern bäckt.

Auf einem ihretwegen vom Abbau verschont gebliebenen Porphyrrest südlich vom Ölberg steht die Ruine der 1460 zerstörten Schauenburg, über deren Geschichte sonst wenig bekannt ist.

Direkt nördlich der Burg verläuft eine W-E-Verwerfung. Sie trennt die Dossenheimer Porphyre von der höher herausgehobenen Ölberg-Scholle, an deren Fuß bis in die Höhe der Schauenburg-Ruine Granit ansteht, erst darüber Tuffe und Porphyre, weshalb die Steinbrüche im N viel höher liegen. Die Verwerfung klingt nach E bald aus, südlich davon steigen die Porphyre nach E deshalb etwas an, nördlich davon fallen sie in derselben Richtung ein.

Porphyr-Denudationsterrasse und Buntsandsteinstufe: Etwa ab Handschuhsheim machen sich die Rotliegend-Ablagerungen östlich der Randverwerfung zunächst als Hangstufe unterhalb des Buntsandsteins bemerkbar, weiter nach N wird die freigelegte Fläche, jetzt überwiegend in den Porphyren, immer breiter. Es entsteht dadurch ein etwa 4 mal im N 2 km großes Dreieck vor der darüber zurückgewitterten Buntsandstein-Schichtstufe, zerschnitten durch mehrere Stufenrand-Tälchen, die bis zu den Quellen an der Basis der Stufe zurückreichen und diese selbst noch einkerben. Die Rückenflächen vor der Stufe dürften dabei noch weitgehend der am Ende der Abtragungszeit des Variskischen Gebirges erhalten gebliebenen Porphyr- und Tuff-Oberfläche entsprechen, weshalb man von einer "Denudationsterrasse" spricht.

Im S reicht der Buntsandstein also bis zur Hauptverwerfung vor, es handelt sich dort folglich um eine reine Bruchstufe. Ab Handschuhsheim wurde die Vorderkante vom Buntsandstein dann aber durch die Abtragung immer weiter nach E zurückverlegt, wodurch das obengenannte Dreieck entstand.

Die Höhe der Schichtstufe ganz an ihrem Beginn im S schwankt um etwa 170 m, beträgt am Ausläufer bei der Jägerhütte östlich vom Ölberg 60-100 m, nördlich von Wilhelmsfeld schließlich um 50-70 m. Die ursprünglich überall etwa gleich dicke Sandsteinplatte muß also nach N zu bereits stark ausgedünnt worden sein. Die Gesamtmächtigkeit des Stufenbildners beträgt übrigens bis über 350 m, wie z.B. im Königstuhlgebiet oder um Neckargemünd jederzeit festgestellt werden kann.

Ab Jägerhütte springt die Buntsandstein-Schichtstufe dann weit nach E zurück.

Exkursion 2: (alles zu Fuß)
Dossenheim -- Schauenburg -- Jägerhütte(Jägerhaus).
(Einführung siehe vorstehenden Text = Landschaftsprofil)

Beginn am OEG-Bahnhof Dossenheim (großer Parkplatz östlich davon) oder an der Ampelkreuzung B3/Bahnhofstraße knapp nördlich davon. Exkursionsweg: Die Bahnhofstraße nach E (immer wieder Sicht auf die Porphyre), am Gemeinschaftshaus Adler links ab in die Rathausstraße, die Schriesheimer Straße = alte Bergstraße querend, die gerade weiter führende Hintergasse entlang bis zur Schauenburgstraße, diese links hinauf bis zum großen Löß-Aufschluß (im unteren Teil klar horizontal geschichtet) und weiter bis in den aufgelassenen N-Teil der Porphyrbrüche. Zurück zum Weg unterhalb davon in Richtung N, dort Aussicht auf Ebene und "Bergstraße" (Weinbau). Drei verschieden steile, schmale Wege führen dort rechts hinauf zur Schauenburg = schöne Aussicht (vor allem nach S auf die Brüche und den Gebirgsrand um HD). Nördlich der Burg führen verschiedene Wege nach NE zur "Jägerhütte" am Fuß der Buntsandsteinstufe. Nachher geht es ein kurzes Stück wieder zurück in Richtung Ölberg-Gipfel (sein Besuch lohnt nur bei sehr klarer Sicht, dann ist von der Steinbruch-Oberkante -- Vorsicht, Abrutschgefahr ! -- Überblick bis zu den Pfälzer Bergen möglich), sonst von diesem Weg schräg rechts abzweigend hinunter zur Strahlenburg oberhalb von Schriesheim (Einkehrmöglichkeit) und auf verschiedenen Wegen zurück nach Dossenheim.

Wer mit dem Pkw nach Dossenheim kam, der kann anschließend die Bahnhofstraße am Adler vorbei geradeaus hinauf-, an einer nicht bezeichneten Y-Gabelung rechts schräg weiter, an der Kirche vorbei zur Talstraße (mittlere von drei Straßen, die beiden äußeren gesperrt) zum Weißen Stein fahren (Sackgasse). Unterwegs mehrere Parkmöglichkeiten und Gelegenheiten zum Wandern, in 2/3 Höhe von der Straße aus schöner Überblick über die Porphyr-Denudationsterrasse bis zum Ölberg-Rücken und die Buntsandsteinstufe östlich davon. In der Saison am Weißen Stein Einkehrmöglichkeit.

Abb.13 siehe S.112

NECKARTAL IM ODENWALD

Der Neckar fließt in einem sehr abwechslungsreichen Tal durch die heute höchsten Teile des südlichen Buntsandstein-Odenwaldes (Hochflächen in 1,5 bis 2 km Entfernung vom Fluß etwa in 560-600 m MH als Maximum), während weiter im S wesentlich geringere Höhen zu überwinden wären. Zur Zeit der Entstehung des heutigen Neckarlaufes müssen die Höhenverhältnisse folglich anders ausgesehen haben als heute. Sehr wahrscheinlich ist der Neckarlauf in unserem Gebiet sogar wesentlich älter als selbst die Anlage der heutigen Hochflächen. Nichts deutet jedenfalls darauf hin, daß er sich etwa nachträglich "rückwärts einschneidend" durch das Gebiet gesägt hätte, wie manche Autoren früher meinten. Aber sehen wir uns das Tal und seine Umgebung erst einmal näher an.

Das heutige Neckartal vom Heidelberger Taltrichter bis hinauf in den Raum um Binau am Nordrand der "Heilbronner Mulde" gliedert sich in mehrere, recht unterschiedlich ausgebildete Abschnitte; vergl.z.B. die farbige Karte "Oberflächenformen" im Kartenband zur Kreisbeschreibung (schwarz-weißer Ausschnitt im Anhang, etliches ergänzt, als Karte 1 siehe Beilage).

Östlich vom Heidelberger Taltrichter, zwischen den schwingungsknotenartigen Engstellen Teufelskanzel-Haarlaß im W und Auerhahnenkopf-Felsberg nordwestlich von Neckargemünd im E liegt die Schlierbach-Ziegelhausener Talweitung. In ihr ist im W noch Granit aufgeschlossen, im übrigen Neckartal im Odenwald dann nur noch Buntsandstein.

Die nächste, besonders kompliziert gestaltete Talweitungsstrecke reicht etwa vom Kümmelbacher Hof westlich Neckargemünd bis Neckarhausen NE von Mückenloch. Sie ist gekennzeichnet u.a. durch eine Reihe wohl sehr verschieden alter, längst vom Fluß verlassener Mäander (darunter der größten und bekanntesten aller alten Schlingen, derjenigen von Mauer), verursacht wahrscheinlich durch den Stau vor den im W besonders hoch aufgekippten Randschollen = Königstuhl usw., kombiniert mit lokaler Kleintektonik, auf die schon BECKSMANN besonders hingewiesen hatte (s. ZIENERT 1957).

Zwischen Mückenloch und dem südlichen Ortsrand von Hirschhorn gibt es dann eine ziemlich gerade und enge Talstrecke.

Es folgt die Talweitung von Hirschhorn mit dem großen Ersheimer Gleithang und damit dem einzigen -heim-Ort im Gebirge (die alte Kirche ist im Neubaugebiet erhalten).

Ober der nächsten Engstrecke sind im N, bei Igelsbach, allerdings vom Tal aus

nicht sichtbar, klare Reste einer alten Flußschlinge vom Neckar feststellbar.
Es folgt die Talweitung von Eberbach mit wohl zwei niedrigen, ehemaligen Umlaufbergen, dem Ohrsberg im N und dem Hungerbuckel im S, und den wieder vom Tal aus kaum erkennbaren Formen der ehemaligen Schollerbuckel-Schlinge südwestlich vom Katzenbuckel.
Die folgende Engstrecke, vorbei an der noch bewohnten Burg Zwingenberg, ist ausnahmsweise recht gewunden.
Schließlich folgt das Großschlingen-Gebiet bis um Binau im Stau des Anstieges vom Ostteil der großen Südrandflexur des Odenwaldes, in die sich der Neckar während der Heraushebung des Gebirges einschneiden und vor welcher er in der bereits genannten "Heilbronner Mulde" aufschottern mußte.

Betrachten wir nun die einzelnen Abschnitte in der obigen Reihenfolge, also von Heidelberg aus flußaufwärts, genauer:

Zum Heidelberger Taltrichter siehe Exkursion 1 und zugehörigen Überblick, dort auch Neckar und Neckarschiffahrt allgemein.

Die Schlierbach-Ziegelhausener Talweitung ist am besten von den ersten Haltepunkten (= Stift Neuburg und Büchsenäcker) der Exkursion 5 zu übersehen (s.S.49), weshalb auf diese hier nur verwiesen wird. Für die Talgeschichte wichtig ist das Vorhandensein von gemischten Neckarschottern in ursprünglicher Lagerung östlich vom Stift Neuburg bis in 18o m MH = etwa 65 m über Neckar-Niveau (GRAUL 1977, S.34). Wichtig sind vielleicht auch noch die altbekannten Tone von Ziegelhausen, bis 6 m mächtig und in rund 15o m MH gelegen, also etwa 4o m über dem Fluß.

Die Talweitungsstrecke Neckargemünd-Mückenloch ist weitgehend mitbestimmt durch drei sehr verschieden große, ehemalige Neckarschlingen bzw. zumindest deren Ausmündungen ins heutige Neckartal. Talaufwärts aufgezählt sind es die große Maurerer Schlinge, die nur ein Drittel von deren Größe erreichende Blumenstrichschlinge, und die nochmals kleinere Mückenlocher Schlinge.
Beiderseits des Stadtkerns von Neckargemünd gibt es zwei große, von S kommende Talungen. Die westliche wird heute von der Elsenz durchflossen, kann aber von diesem kleinen Flüßchen nicht ausgebildet worden sein. Die östliche, das "Wiesenbacher Trockental", wird überhaupt von keinem Gewässer durchzogen. Zwischen diesen beiden Talungen liegt der vorwiegend N 1o°E gestreckte und nur ganz im N nach NW abgebogene Hollmuth-Rücken, auf dessen nordwestlichem, auf den Felsberg gerichteten Sporn im Mittelalter Burg und Altstadt von Neckargemünd erbaut wurden.

Südlich des Hollmuth-Abschnittes mit seinen fast parallelen Talstrecken folgt im Raum Wiesenbach - Bammental eine Quertalung und schließlich bis nach Mauer und Reilsheim der große, teilweise wieder verfüllt gewesene und nochmals ausgeräumte, ehemalige Neckarbogen mit dem im S bis W sehr schön erhaltenen, alten Prallhang in Muschelkalk bis Buntsandstein, der leider gelegentlich schon als "Schichtstufe" beschrieben wurde.

Welche Anhaltspunkte gibt es nun für die Entwicklungsgeschichte dieser Schlinge ? Und warum kann man einfach von einer Neckar- Schlinge reden ? (Der größte Teil der Aufschlüsse ist leider inzwischen verfüllt worden oder aus anderen Gründen nicht mehr zugänglich, alle wurden aber glücklicherweise vorher noch sehr genau von GRAUL-Schülern untersucht, s. GRAUL 1977.) Westlich vom Südende des Hollmuth-Rückens lagen die Wolfsbuckel-Kiesgruben. Ihre Untersuchung ergab nach GRAUL eine klare Folge von Fluß-Sedimenten (Ziffern hier von jung zu alt; Großbuchstaben nach GRAUL):

1) Jüngste Füllung bis heutiger Talboden (A) im "Elsenz-Tal", eingestellt auf die Hackteufel-Stromschnelle östlich Heidelberg, max.in 117 m MH, Elsenz-Material, nach GRAUL letztkaltzeitlich, nach einer vorherigen Einschneidung von mehr als 1o m angelagert an 2.

Durch den geologisch sehr unterschiedlichen Bau der Einzugsgebiete lassen sich Neckar- und Elsenz-Material klar unterscheiden. Der Neckar allein war in der Lage, z.B. Kristallin (bis kopfgroß, aus nördlichen Seitentälern im Raum Wilhelmsfeld - Heddesbach - Tromm, vergl.Exk. 5 und 6) und Buntsandsteinblöcke anzuschleppen. Die Elsenz dagegen konnte nur Muschelkalk- und Keuper-Material, oder wieder aufgearbeitete Neckarschotter aus der Schlinge selbst, mitbringen.

2) Bis max.in 13o m MH kaltzeitliches Elsenz-Material (B), aus der vorletzten Kaltzeit; nach einer Einschneidungsphase zwischen 3 und 2 von mindestens etwa 25 m Eintiefungsbetrag folgt die Aufschotterung 2 mit zusammen über 1o m, ihr Material ist eindeutig angelagert an die nächstältere Folge 5 bis 3, die hier gleich in der richtigen zeitlichen Anordnung aufgeführt wird (im Gegensatz zur Aufzählung bei GRAUL).

3) 141-145 m MH, extrem-kaltzeitliches Neckar-Material (E), nach oben in kaltzeitliches Elsenz-Material (F) übergehend; zweimal Fließ-Löß darüber mit Boden dazwischen, also aus der drittletzten Kaltzeit, aufgelagert auf 4. Entsprechende Ablagerungen soll es auch bei Reilsheim, also im Südteil der Schlinge geben.

4) 136-141 m MH, warmzeitliches Neckar- (und Elsenz-) Material (D), aufgelagert auf 5.

5) Mindestens von 119 m bis max.in 136 m MH, also bis fast 2o m über heutigem Neckar-Niveau bei Neckargemünd, kaltzeitliches Neckar-Material (C); aus der viertletzten Kaltzeit.

Aus dieser Folge ergibt sich auch, daß letztmals in 3 der Neckar dieses Tal durchflossen haben kann und folglich sehr wahrscheinlich in dieser drittletzten Kaltzeit der Durchbruch bei Neckargemünd erfolgt sein dürfte. In Aufschotterungszeiten und bei sehr unterschiedlicher Wasserführung wie in Kaltzeiten können letzte Hindernisse, wie Felsriegel o.ä., am leichtesten überwunden werden.

Jenseits, also südlich der Biddersbach-Quertalung sieht die Gliederung dann wesentlich anders aus. Leider sind die früher hier besonders zahlreichen und ausgedehnten Aufschlüsse meist nicht mehr offen zu besichtigen oder so weit abgebaut, daß eine Besichtigung nicht mehr lohnt. "Demnächst" soll aber die Straße von Wiesenbach nach Mauer neu trassiert und ausgebaut werden, vielleicht ergibt sich dann sogar noch Neues in der nördlichen Fortsetzung der alten Grube am Grafenrain (Fundstelle des Homo erectus heidelbergensis). Bewußt wird zunächst eine Buchstabenfolge benutzt für das dort Vorgefundene, da mir manche bisherige Parallelisierung noch problematisch zu sein scheint und sich die bei GRAUL (1977, Abb.S.46+5o) eingetragenen Buchstaben und Ziffern teilweise zu widersprechen scheinen. Von alt zu jung folgen m.E. aufeinander:

a) Die überwiegend aus Buntsandstein (aber auch aus Kristallin und Fernschotter-Anteilen) bestehenden "Wiesenbacher Schotter" (bei GRAUL Abb.S.54 irrtümlich als "Schlierbacher Schotter" bezeichnet) sind nur auf der tektonisch tiefergelegenen Ostseite nördlich und südlich von Wiesenbach bis etwa 75 m über heutigem Neckar-Niveau bei Neckargemünd zu finden. Sie dürften aus einer Zeit stammen, in welcher der Neckar sich überwiegend in Buntsandstein einschneiden mußte (ZIENERT 1957) und außerdem die Heilbronner Mulde noch als Schotterfang für große Teile der "Fernschotter" dienen konnte. Sie dürften also noch während der letzten stärkeren Heraushebung besonders der südlichen Teile des Odenwaldes abgelagert worden sein. Dazu stellt selbst GRAUL ausdrücklich fest, daß es im Raum Wiesenbach darüber noch mindestens 15o m Taleinschnitt bereits vorher gegeben haben muß, dessen Eintiefung folglich in's Pliocän falle.

Als Ursache für die Ablagerung der "Wiesenbacher Schotter" kommen sowohl lokale tektonische, als auch klimatische Gründe (nach GRAUL siebentletzte Kaltzeit) in Frage; wahrscheinlich eine Kombination beider.

b) Danach scheint sich der Neckar noch weiter allmählich eingeschnitten und nach S bis etwa zu dem großen, bereits oben erwähnten Prallhang ausgedehnt zu haben, wohl während weiterer asymmetrischer Heraushebung des ganzen Gebietes.

c) Leider reichte bisher noch keiner der Aufschlüsse in Schottern der folgenden Zeit im Südteil dieses ehemaligen Neckar-Bogens bis zur Felssohle hinunter, die dort nach seismischen Messungen von Hydrologen etwa in 110 m MH, also 6-8 m unter heutigem Neckar-Niveau bei Neckargemünd, liegen soll. Leider ist mir nicht genau bekannt, wo dieser Wert gemessen wurde; am vom Neckar früher in E-S-W umflossenen Hambachbuckel östlich Bammental (heute Neubaugebiet) reicht Buntsandstein im N jedenfalls bis auf über 160 m MH hinauf, nach S muß aber ein langer Gleithang gefolgt sein, auf dem all die folgenden Schotter und Sande liegen. Deren zuunterst bekannt gewordene Folge ist jedenfalls bereits in "Mauerer Fazies" (ZIENERT 1957) ausgebildet, also mit Muschelkalk- und Keuper-Anteilen aus der Umgebung und mit reichlich Fernschottern bis aus der Alb. Sie sollen warmzeitlichen Charakter haben und bis in max. 132,5 m MH hinaufreichen.

d) Darüber liegen kaltzeitliche Ablagerungen bis max.in 145 m MH aus der (n. GRAUL) sechstletzten Kaltzeit und

e) nochmals darüber warmzeitliche mit dem Homo erectus heidelbergensis ("Unterkiefer von Mauer"). Sie reichen bis max. 158 m MH hinauf.

f) Bis 164 m MH, also bis fast 50 m über heutigem Neckar-Niveau bei Neckargemünd, folgen schließlich Ablagerungen, die zweierlei anzeigen sollen: 1) den Übergang zu kaltzeitlichen Verhältnissen (= fünftletzte Kaltzeit) und 2) den Übergang von Neckar- zu Elsenz-Material. Es sind verschiedene Deutungen möglich. Ein Elsenz-Schwemmfächer könnte den Neckar auf der Schotteroberfläche allmählich nach N abgedrängt haben, wodurch dessen Schlinge wesentlich verkleinert wurde, vielleicht bis zum heutigen Biddersbach-Tal, wo der Neckar sich dann erneut einschnitt und dabei epigenetisch auch den Buntsandstein durchschnitt; oder der Neckar selbst könnte durch einen Durchbruch oder Überlauf in diesem Bereich seinen Lauf um rund die Hälfte der Schlinge verkürzt haben, wodurch es der Elsenz ermöglicht worden wäre, ihren Schwemmfächer so stark nach N auszuweiten. GRAUL neigt mehr zur ersten Erklärungsmöglichkeit.

g) Es folgt eine max. 4o-5o m erreicht habende Einschneidungsphase (max. 164 m MH bei Mauer bis Bammental, bis unter 119 m MH am Wolfsbuckel). Da die Laufverkürzung allein höchstens 4-5 m ergeben könnte, müssen andere Gründe mitgespielt haben. Außer klimatischen waren es bei der gegebenen Größenordnung wohl vor allem tektonische Gründe, z.B. etwas stärkere Heraushebung der den Granit zu Tage bringenden westlichen Randschollen des Odenwaldes während der Aufschotterung c-f (vergl. auch die entsprechenden Ablagerungen im SW Ziegelhausens), die der Fluß nunmehr "auszugleichen" in der Lage gewesen wäre.

h) Die nächste Aufschotterung, auch im Südteil der Schlinge (wo die Elsenz inzwischen kräftig ausgeräumt haben mußte), soll dann insgesamt mindestens 26 m ergeben haben (unter 119 m bis 145 m MH) und könnte den Ziffern 5-3 (und damit der viert- und drittletzten Kaltzeit) entsprechen. Die angeführten Höhenziffern stammen bereits von diesen. Setzt man diese Parallelisierung als richtig voraus, und Vieles spricht dafür, dann wäre hiermit die Gliederung der bisher aufgeschlossen gewesenen Ablagerungen von Neckar und Elsenz in der alten "Mauerer Neckarschlinge" vollständig.

So schön es ist, daß die Mauerer ehemalige Neckarschlinge genau untersucht worden ist, so bedauerlich ist es, daß bisher außer der Ohrsberg-Schlinge in Eberbach keine der anderen auch nur einigermaßen ähnlich genau durchgearbeitet wurde und wir deshalb teilweise immer noch auf Abschätzungen angewiesen sind. Gewisse Hinweise gibt natürlich die Höhenlage von in einigen der Schlingen aufgefundenen Schottern. Nur ist nicht sicher, daß der aus etlichen Teilschollen aufgebaute südliche Buntsandsteinodenwald sich wirklich zuletzt auch nur einigermaßen en-bloc herausgehoben hat, oder zumindest nicht, ab wann er es getan haben könnte, auch wenn es für große Teile vom Pleistocän wirklich fast danach aussieht (s.u.). Und einer der möglichen bisherigen Anhaltspunkte, die Bärenzähne aus der Ohrsberg-Schlinge in Eberbach, wurde von ROGER, dem früher wohl besten Kenner der Verhältnisse, als "sehr zweifelhaft" eingestuft, und zwar die Artbestimmung und die Datierung (nach HELLER angeblich aus dem Pliocän alter Abgrenzung). Man sollte sich also besser nicht darauf verlassen. Versuchen wir trotzdem, weitere Anhaltspunkte für die Talentwicklung zu finden.

Unter dem früheren Prallhang oberhalb von Kleingemünd aus der Zeit der Mauerer und der Blumenstrichschlinge entstand nach unten zu ein Gleithang, was natürlich erst nach dem Durchbruch bei Neckargemünd möglich war, nach GRAUL also erst ab der drittletzten Kaltzeit. Teilweise noch jünger, zumindest in seiner heutigen Form, ist der schräg gegenüber liegende Prallhang zwischen Neckargemünd und Rainbach.

Die Blumenstrich-Schlinge wird nach dem ehemaligen Umlaufberg (250 m MH, Hauptbuntsandstein) in ihr benannt, der den Eindruck "Berg" allerdings nur von der heutigen Neckarseite aus macht, dank junger Rückschneidung in die beiden Arme der alten Schlinge. Zumindest im Gewann Marxel, im Bereich des ehemaligen Dorfes Reitenberg westlich vom Dilsberger Hof, sind Neckarschotter seit langem bekannt, deren Oberkante wohl bei etwa 190 m MH liegen dürfte. Sie liegen also etwa gleich hoch wie die nach GRAUL ebenfalls nur bis 190 m MH erreichenden, nach der geol.Karte 1:25.000 Bl.6618 (bad.32) Neckargemünd bis etwa 200 m MH hinaufreichenden Wiesenbacher Schotter, und sollen auch gleich zusammengesetzt sein. Ihre Lage zu den Streichkurven der Schichtlagerungskarte (K.2,s.Anhang) ist ebenfalls ähnlich, man wird also keine großen Heraushebungsunterschiede annehmen müssen. Danach wäre die Blumenstrichschlinge wohl etwa zur Zeit der Ausbildung der obersten Wiesenbacher Schotter abgeschnitten worden, also wesentlich früher als die Schlinge von Mauer. Selbstverständlich muß die Anlage und Ausbildung der Blumenstrichschlinge schon viel früher erfolgt sein.

Die ehemalige Mückenlocher Schlinge ist zwar der Form nach einwandfrei eine alte Neckarschlinge, entsprechende Schotter scheinen dagegen noch nicht aufgefunden worden zu sein. Ihre Höhenlage ist vergleichbar derjenigen der Blumenstrichschlinge, sie befindet sich aber in einem tektonisch höhergelegenen Gebiet im Übergangsbereich einer von N kommenden und hier ausklingenden Verwerfung zur östlichen Randflexur der Langenbrückener Senke. Sollte en-bloc-Hebung stattgefunden haben, so wären Entwicklung und Abtrennung etwa gleich alt wie bei der Blumenstrichschlinge.

Die große Hirschhorner Schleife, im tektonisch höchstgelegenen Teil einer der antithetischen N-S-Schollen im Buntsandsteinodenwald gelegen, führt uns als noch in voller Funktion befindliche Form kaum weiter, doch sollen nach HASEMANN auf der "Sand" genannten Verflachung östlich davon Schotter vom Typ Wiesenbach in 210-225 m MH gefunden worden sein, also 90-105 m über dem Fluß.

Die Igelsbacher oder Böserberg-Schlinge (ehemaliger Boden in rund 260 m MH) ist zusammen mit der noch rund 30 m höher gelegenen Schollerbuckel-Schlinge südöstlich von Eberbach die kleinste, weshalb GRAUL daraus gerne eine reine Denudationsform gemacht hätte. Dies müßte dann aber für beide gelten, was er wiederum nicht meint. Neckarschotter scheinen aus beiden nicht bekannt zu sein.

Lesesteinhaufen in beiden bestehen nur aus Buntsandstein-Hangschutt.
Sie liegen in verschiedenen Teilschollen beiderseits der wichtigsten Verwerfungslinie des Buntsandsteinodenwaldes (ZIENERT 1957). Da beide Schlingen weniger stark eingetieft und mit geringerem Radius ausgebildet sind als die Mückenlocher und außerdem höher liegen als diese, werden sie allgemein als die ältesten angesehen, z.T. auch als "Beweis" dafür genommen, daß zur Zeit ihrer Entstehung das Einzugsgebiet des Neckars noch wesentlich kleiner gewesen sei als heute. Nur ist "leider" der Krümmungsradius der heutigen Hirschhorner Schlinge rund um den Ersheimer Gleithang ziemlich gleich groß. In tektonisch wesentlich höher herausgehobenen Schollen gelegen als die drei ehemaligen Schlingen von Mückenloch bis Mauer brauchen sie nicht unbedingt älter zu sein als jene, dürften es aber sehr wahrscheinlich sein.

Im Eberbacher Talkessel gibt es dann eine sichere alte Schlinge im N um den Ohrsberg (235 m) herum und eine wahrscheinliche im S um den Hungerbuckel (193 m MH). Beide Umlaufberge sind niedriger als die alten Sohlen der Flußschlingen um Igelsbach und den Schollerbuckel, die Schlingen selbstverständlich entsprechend viel jünger.

Neckarablagerungen mit meist gebleichtem Buntsandstein bis zu Hornsteinen aus dem Jura waren früher am NE-Hang des Ohrsberges in 136-156 m MH aufgeschlossen. Sie wurden in den 3o-er Jahren von BECKSMANN, HELLER, HOFMANN, OBERDORFER, RICHTER und STRIGEL untersucht und die Ergebnisse 1939 veröffentlicht. Vier verschiedene Ablagerungen ließen sich in diesen "Eberbacher Schichten" unterscheiden (s.Abb.14,S.34).

Nach der Tab.8, S.59 in RICHTER 1939 ist die Ablagerung I feinklastisch, braun bis rot und feldspatarm, II feinklastisch, weiß und feldspatreich (bis 18 % in der Fraktion 0,2-0,o5 mm; in I, III und IV max. 6 %), III feinklastisch, weiß und feldspatarm, IV grobklastisch, braun und feldspatarm, mit viel Buntsandstein (z.T. aus Hangschutt).

In der Schicht III wurde außerdem eine bis 95 cm mächtige, fossilreiche Linse gefunden mit, nach heutigem Wissensstand, eindeutig recht kühl-interglazialer Flora, und zwar Holzkohlen und Lignite bis Pollen von Fichte, Ahorn, Haselnuß, Kiefer, Birke und Erle, dazu Schilf-Rhizome. Tertiärzeitliche Formen wurden, trotz eifrigen Suchens, nicht gefunden (HOFMANN, OBERDORFER).

Leider sind entsprechende Ablagerungen mit auch durchbestimmten Pflanzen-Fossilien aus dem übrigen Neckartal im Odenwald bisher nicht bekannt geworden, und über die "Torfe" (OLBERT,S.42f.) in den Bohrungen in der Neckarkatzenba-

cher ehemaligen Neckarschlinge ist mir Genaueres leider nicht bekannt. Geht man aber von den Fossilien in den Eberbacher Ablagerungen aus, so müssen sie jünger sein als Mauer mit seinen teilweise noch "afrikanischen" Tieren (s.S. 6), und nicht älter. Etwas schwirig wird es aber wegen des hohen Tongehaltes der "Klebsande" I-III und der recht wenigen Gerölle darin.
Sollte es sich vielleicht nur um Hochwassersedimente von aus podsolierten Böden stammendem Material in einem teilweise mit Schilf bestanden gewesenen Talbereich etwas abseits vom Stromstrich (sie liegen am alten Gleithang), relativ kurz vor der Abschneidung der Ohrsberg-Schlinge abgelagert, handeln? Falls der südliche Odenwald seither wirklich einigermaßen en-bloc herausgehoben worden sein sollte, so wären diese Eberbacher Schichten am ehesten den (teilweise ebenfalls stark tonigen) Schichten 3-5 in max. bis 145 m MH am Wolfsbuckel südlich Neckargemünd vergleichbar und würden damit aus der drittletzten Kaltzeit und der Warmzeit davor stammen. Seit der Einschneidung danach waren sie für den Neckar jedenfalls sicher nicht mehr erreichbar. Die fossilführende Schicht III könnte danach der ausgehenden 4/3-Warmzeit entsprechen und IV mit seinen gröberen Schottern mit viel kaum gerundetem Buntsandstein dem Beginn der darauffolgenden Kaltzeit und der damit einsetzenden Solifluktion von den Hängen. Für den Durchbruch und das Verlassen der Schlinge durch den Neckar käme dann die entsprechende Aufschotterung während der drittletzten Kaltzeit als Auslöser in Frage. Wahrscheinlich in die viertletzte Kaltzeit gehörige Kalkschotter mit Buntsandstein wurden noch weiter nördlich in rund 125 m MH erbohrt unter eindeutigen Itter-Schottern (HASEMANN, S.37f.).

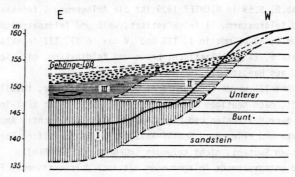

Abb.14: Sammelprofil durch die Knab'sche Grube am Ohrsberg-NW-Hang/Eberbach (nach RICHTER 1939)

Die Engstrecke oberhalb Eberbach bietet, außer einem Schotterfund vom Typ Wiesenbach in rund 24o m MH = 11o m über dem Fluß oberhalb der Ruine Stolzeneck (HASEMANN), keine weiteren Anhaltspunkte. Und die Ablagerungen aus dem Raum Neckarkatzenbach und Mörtelstein flußaufwärts können nach den bisher vorliegenden Untersuchungen leider vorläufig noch nicht mit denjenigen des Raumes Heidelberg - Eberbach verglichen werden.

Versuchen wir nach dem bisherigen Material aus dem Raum Heidelberg - Eberbach nunmehr eine Zusammenfassung für die Entwicklung des Neckartales, so ergäbe sich etwa folgendes Bild:
1) Als jüngste Schotterablagerung gibt es überall wohl letztkaltzeitliche, die etwa der heutigen Neckaraue höhenmäßig entsprechen, eingestellt auf die Hackteufel-Schnelle bei Heidelberg.
2) Wirklich bisher nachgewiesen nur in der Wolfsbuckelgrube und ihrer Umgebung folgt 13 m darüber die wohl aus der vorletzten Kaltzeit stammende, nächstältere Terrasse. Anzeichen dafür gibt es aber auch im Südteil der Mauerer Schlinge (MEIER-HILBERT).
3) Geht man von der einigermaßen-en-bloc-Hebung des Gebietes zwischen Mauerer Schlinge und Eberbach aus, und Vieles spricht für die Zeit bis zum Alt-Pleistocän dafür, so würde in 28-3o m Höhe über Neckar-Niveau (hier immer vor dem Aufstau gemeint) die Aufschotterungsterrasse aus der drittletzten Kaltzeit folgen. Zu ihr würden Ablagerungen am Wolfsbuckel, im Südteil der Mauerer Schlinge und am Ohrsberg gehören.
4) Jeweils unter diesen Ablagerungen aus der drittletzten Kaltzeit verbergen sich warmzeitliche, am Wolfsbuckel darunter nochmals kaltzeitliche Ablagerungen, die folglich aus der viertletzten Kaltzeit stammen müssen.
5) In der Mauerer Schlinge folgt als nächstältere kaltzeitliche Ablagerung bis in 47 m über Neckar-Niveau die nächstältere Aufschotterungsterrasse, also aus der fünftletzten Kaltzeit. Fast gleiche Höhe erreichen die Tone in Ziegelhausen-E, während die von GRAUL in Baugruben südwestlich davon gesehenen Schotter bis 2o m höher liegen. Höhenmäßig erstaunlich genau würden auch die alten Sandgruben am Hungerbuckel in Eberbach dazupassen, doch ist über das dort abgebaute Material leider nichts mehr bekannt.
6) In der Mauerer Schlinge folgen darunter zunächst warmzeitliche (mit dem "Unterkiefer von Mauer") und nochmals darunter wieder kaltzeitliche Ablagerungen, die folglich aus der sechstletzten Kaltzeit stammen müssen. Die weiter unten folgenden Sedimente sind warmzeitlich, soweit sie bisher aufgeschlossen waren.

Doch ist unter den Ablagerungen der sechstletzten Kaltzeit noch rund 2o m "Platz für Überraschungen".

7) Als nächstältere "Terrasse" (nach zweit-, dritt- und fünftletzter Kaltzeit wäre es also die vierte wirkliche Aufschotterungsterrasse) folgen bis in rund 75 m über Neckar-Niveau die "Wiesenbacher Schotter" aus der, soweit bisher feststellbar, mindestens siebentletzten Kaltzeit. Sie sind in gleicher Höhenlage in der Blumenstrichschlinge erhalten und bilden dort heute noch etwa den Talboden der südlichen Schlingenteile. Auch der Boden der Mückenlocher Schlinge liegt etwa gleich hoch und dürfte deshalb wohl ebenfalls dazugehören.

8) Darüber folgen sehr verschieden hohe Talhänge. Von den rund 19o m MH erreichenden Wiesenbacher Ablagerungen bis zu den heutigen Hochflächen sind es maximal 35o m Höhenunterschied, m.E. dürfte das genügen, um zumindest den größten Teil davon ins Pliocän (oder teilweise vielleicht noch früher ?) zu stellen. Die Wiesenbacher Ablagerungen würden dann aus dem Ältest-Pleistocän, die Mauerer aus dem Alt-Pleistocän, die Wolfsbuckeler aus dem Mittel- und Jung-Pleistocän stammen. Allerdings müssen wir noch über die möglichen Ursachen für die vier Aufschotterungen nachdenken (im Folgenden mit eingebaut).

Die Entwicklungsgeschichte der Formen im Neckartal ab etwa dem obersten Pliocän (für die Entwicklung vorher s. ZIENERT 1957 und 1961-b) würde danach etwa folgendermaßen aussehen:

Nach kräftiger Eintiefung vorher kommt es zur Wiesenbacher Aufschotterungsphase, wahrscheinlich weil bei Heidelberg der Granit erstmals die lokale Erosionsbasis bildete (der heutige Höhenunterschied zwischen beiden gäbe dann auch gleich ein Maß für seither eingetretene stärkere Hebung der den Granit zu Tage bringenden Schollen, nämlich 4o-5o m) und dieser nicht so einfach durchschnitten werden konnte wie das Schichtpaket darüber (vor allem Rotliegendes und Unterer Buntsandstein).

Zusätzlich könnte es eine (bisher unbekannte, aber vielleicht in der Blumenstrichschlinge oder derjenigen von Mückenloch untersuchbare) innere Gliederung dieser Schotter, bedingt durch klimatische Einflüsse, geben, wie bei den späteren Ablagerungen auch. Gegen Ende dieser Aufschotterungsphase, also ihrem Höhepunkt, müssen die Verbindungsrücken zu den Umlaufbergen der Mückenlocher und der Blumenstrich-Schlinge teilweise so weit erniedrigt gewesen sein, daß jeweils im N der Durchbruch oder einfach Überlauf erfolgen konnte.

Nach einer Zeit tektonischer Ruhe (nur im Südteil der wohl gleichzeitig noch asymmetrisch verstellten Mauerer Schlinge erreicht die Eintiefung gegenüber den Wiesenbacher Schottern weiter nördlich bis 8o m) folgt die nächste, sicher wieder tektonisch gesteuerte, aber klimatisch differenzierte Aufschotterung, diejenige der Maurer Ablagerungen. Die überwiegend tektonische Ursache (wohl weiterer Anstieg der Granitsperre) ergibt sich aus der Tatsache, daß mindestens zwei warmzeitliche und zwei kaltzeitliche Ablagerungsserien übereinander liegen, während man doch sonst mit Aufschotterung während der Kaltzeiten und Einschneidung während der Warmzeiten zu rechnen pflegt. Diese Maurer Aufschüttungsphase führte wahrscheinlich zur Abschneidung der Hungerbukkel-Schlinge und sicher zur wesentlichen Verkürzung der Maurer Schlinge (bis zum späteren Biddersbach-Quertal).

Nach der nächsten Zeit relativer tektonischer Ruhe (mit einer Einschneidung von mindestens 45 m Tiefe) folgt wieder eine aus zwei kaltzeitlichen und einer warmzeitlichen Ablagerung dazwischen bestehende Serie, diejenige vom Wolfsbuckel bzw. vom Ohrsberg. Beim Ohrsberg sind allerdings nur die obere kaltzeitliche, und warmzeitliche darunter nachweisbar. Wohl wieder übergeordnet durch Anstieg der Granit-Sperre bei Heidelberg verursacht, ist die Untergliederung selbstverständlich nur klimatisch zu erklären. Diese Aufschotterungsphase führte zur Abschnürung der Ohrsberg-Schlinge und zur endgültigen Abschneidung der Maurer Neckarschlinge, die man in ihrer verkürzten Form eigentlich nur noch Hollmuth-Schlinge nennen sollte, durch den Durchbruch oder Oberlauf bei Neckargemünd.

Seither scheint die Tektonik schwächer oder zumindest gleichmäßiger geworden zu sein, denn die Ablagerungen aus der vorletzten und der letzten Kaltzeit (und die jeweils davorliegenden Einschneidungsphasen von mindestens 25 bzw. 1o m) dürften wohl überwiegend klimatisch gesteuert sein, wenn man auch eine gewisse weitere Hebung der Granitschwelle bei Heidelberg wird annehmen müssen. Die Schotterfunde von GRAUL östlich vom Stift Neuburg weisen jedenfalls auf eine insgesamt etwa 2o m stärkere Heraushebung dieses Gebietes seit den Maurer Ablagerungen hin (sie liegen hier auf Granit).

Zu beachten dürfte dabei sein, daß es die Wiesenbacher Ablagerungen nur auf der Ostseite des Mittelstückes der Maurer Schlinge, in der Blumenstrichschlinge und wahrscheinlich auch in der Mückenlocher Schlinge gibt, während östlich davon nur kleinere Vorkommen ähnlicher Fazies erhalten sind, deren Zugehörigkeit zumindest zweifelhaft sein dürfte. Sollten die Schollenstreifen östlich Hirschhorn und östlich vom Gammelsbachtal (zur tektonischen Gliederung vergl. ZIENERT 1957) sich damals noch anders verhalten haben als die westlicheren? Ob uns die beiden "übriggebliebenen" alten Schlingen (Igelsbach, Schollerbuckel) weitere Hinweise dazu geben könnten?

Exkursion 3: (mit Pkw und zu Fuß kombiniert)
Heidelberg - Neckargemünd - Bammental - Mauer - Mückenloch - Dilsberg.
(die drei größten, ehemaligen Neckarschlingen; vergl.vorstehenden Text)

1 Exkursionsroute: Heidelberg, nördliches Neckarufer (mit kurzem Zwischenhalt) bis Kleingemünd, dort an der 1.Ampel am nördlichen Brückenkopf geradeaus weiter, im Ort die dritte = erste breite Nebenstraße (Saarstr.) direkt hinter der Fußgänger-Ampel links hinauf, oben in breiter Spitzabzweigung nach links hinten in die Peter-Schnellbach-Straße (Schild steht innen) abbiegend, an den Terrassenhäusern den schmalen Fahrweg geradeaus weiter zum Parkplatz am Altersheim = höchstmöglicher Haltepunkt (mit Forstwegschranke). Zu Fuß diese Forststraße ge-
2 radeaus den Hang entlang bis zur Aussichtskanzel an der Felsenberghütte und zurück. Rückfahrt zur Brücke (gefährliche Einmündung in die Bundesstraße vorher) und über diese in deren zuletzt mittlerer Fahrspur schräg links weiter in Rich-
3 tung Bammental. Vor der 1.Abzweigung nach Bammental rechts kleiner Parkplatz (Halt). Bundesstraße weiter und über 2.Abzweigung Bammental in dessen Neubaugebiet bis in den linken Abzweig "Industriegebiet". Diese Vorfahrtstraße biegt gleich wieder nach rechts ab, wir fahren aber geradeaus die steilste Strecke = Joh.Seb.Bach-Str. hinauf bis fast zum Hochhaus. An der Paul-Lincke-Straße parken und diese zu Fuß rechts hinauf zum befestigten Landwirtschaftsweg und noch
4 geradeaus weiter etwa 1oo m einen unbefestigten Weg entlang bis zum 1.Rundblick. Zurück zum befestigten Weg und diesen jetzt nach links = SSE etwa 1oo m weiter
5 bis zum Ende der etwa waagrechten Wegstrecke, dort 2.Rundblick. Zurück zum Wagen und die Fahrtstrecke von vorher zurück zur Durchgangsstraße (ein Besuch der früher über 1 km langen Aufschlüsse im heutigen Industriegebiet lohnt überhaupt nicht mehr). Unten nach links weiter und durch Reilsheim Richtung Gauangelloch. Am Parkplatz rechts hinter Reilsheim vorbei bis zum Streukasten rechts an dem
6 alten Straßenstück (dort Halt). Nachher weiterfahren, unterhalb Gauangelloch, das nur rechts sichtbar wird, links ab zur Straße Wiesloch-Mauer, diese nach links nach Mauer, dort die Bundesstraße links in Richtung Heidelberg. Hinter den Tankstellen am nördlichen Ortsrand von Mauer zwei "gesperrte" Abzweigungen nach rechts, die erste führt in die Grube am Grafenrain, die zweite in die Sandklinge. Am Beginn dieser 2. kleine Parkmöglichkeit (Vorsicht "Rennstrecke" !). Zu Fuß zum Beginn der Sandklinge und dann einen Feldweg rechts hinauf, an Beton-
7 mast vorbei, dann links zum Absperrgitter nahe der Oberkante der Grube am Grafenrain. Weiterfahrt in Richtung Heidelberg, nächste Abzweigung nach rechts und

durch Wiesenbach hindurch bis Langenzell, dort links ab in Richtung Dilsberger
8 Hof. Im Waldstreifen oben Parkplatz rechts (Halt), kurz hinter dem Wald brei-
9 ter Abzweig nach rechts in "gesperrten" Feldweg (Halt). Fahrt nach Dilsberg-
Neuhof, dort rechts schräg hinauf in Richtung Dilsberg, etwa in halber Höhe abbiegend nach rechts schräg hinten nach Mückenloch. Dort zunächst am Abzweig in
Richtung Neckarhäuser Hof vorbei und vor dem Gasthaus zur Linde links ab, die
1o "Talstraße" durch bis zum Friedhof. Zu Fuß bis kurz hinter die Talwasserscheide und zurück. Rückfahrt zum Abzweig Neckarhäuser Hof und diesen jetzt rechts
11 ab bis vor den Waldrand (Halt am Straßenrand gegenüber linker Bank), weiter
12 durch den Wald bis zum Parkplatz dahinter (Halt), umdrehen und zurück, diesmal
zum Dilsberg hinauf (Parkmöglichkeit auch links vor der Stadtmauer und diese
entlang, von der Straße aus nicht einsehbar).
Rückfahrt beliebig, z.B. über Rainbach - Neckargemünd - Heidelberg.
Anschlußmöglichkeit: Exkursion 4, die gegenüber vom Dilsberg in Neckarsteinach
beginnt (s.S.44).

1 Von der Sitzgruppe an der Einfahrt zum Parkplatz rechts der Straße in der großen Linkskurve von Tal und Straße zwischen Ziegelhausen und Kleingemünd ist
ein schöner Rückblick möglich auf den Schwingungsknoten und den jungen Prallhang gegenüber, der den Gleithang an der Schlierbacher Seite (mit der Orthopäd.
Klinik) unterschneidet (vergl.Exk.5). Wir selbst stehen auf dem Gleithang Hai-
de aus der Zeit während und nach der endgültigen Abschneidung der Mauerer ehemaligen Neckarschlinge = 2.Durchbruch, nämlich bei Neckargemünd (s.u.).

Die Terrassenhäuser kurz vor dem Parkplatz am Altersheim wurden in über 5 m
mächtigen Hangschutt mit Löß und Lößlehm darüber gebaut, der Aufschluß an der
(nicht von uns benutzten) Kurve der Forststraße unterwegs zeigt ähnliche Verhältnisse auch dort an.
Beiderseits des Weges zur Aussichtskanzel überall früherer Niederwald, erkennbar an den Mehrfachstämmen (Erläuterung s.Exk.5,S.54). Kurz vor der Hütte
Absetzklüftung am Steilhang, in den der Weg gebaut wurde, sichtbar.
2 Auf der Aussichtskanzel muß man etwas pendeln, um die volle Sichtmöglichkeit
zu nutzen (wächst seitlich allmählich etwas zu).
Ganz links hinter der Eisenbahnbrücke (mit Fußgängersteg darunter) erkennt man
den jungen Prallhang zwischen Rainbach und Neckargemünd, dessen Steinbruchni-
schen als Mülldeponie dienen. Er unterschneidet in seinem vordersten Teil das
alte Wiesenbacher Trockental, das sich zwischen Neckargemünder Stadtwald (da-

hinter) und Nordsporn vom Hollmuth-Rücken (rechts davon mit Burgruine in dem Baumbestand) nach rechts zieht. Der Hollmuth-Sporn biegt in seinem letzten Stück fast auf den Betrachter zu, früher muß er etwa unterhalb der Aussichtskanzel (diese liegt rund 250 m hoch ü.NN) das heutige Nordufer des Flusses erreicht haben. Hier geht der alte Prallhang rechts in den jungen links über, beide heute durch Steinbrüche versteilt. Der letzte Restsporn wurde wohl in der drittletzten Kaltzeit durchbrochen und überflossen und seither völlig durchschnitten. Auf seinen vordersten Resten jenseits vom Fluß wurde im Mittelalter die Stadt Neckargemünd erbaut; ihre südwestliche Stadtmauer (mit Häusern darauf) ist etwa in halber Höhe links von der Elsenz bis fast zur Eisenbahnstrecke = Tunnelmündung klar erkennbar und ihr oberes Stadttor (mit Durchblick) deutlich sichtbar. Rechts und vor dem Hollmuth-Rücken ist die alte Ausmündung der Mauerer Neckarschlinge, heute von der Elsenz durchflossen und gestaltet, gut zu übersehen.

Sobald man Neckargemünd nach S durchfahren hat, fällt einem sofort die Breite des Tales im Verhältnis zum dort heute fließenden Gewässer auf. Bei der Kriegsmühle führt die Straße dann über einen von rechts kommenden Seiten-Schwemmfächer (vom Forellenbach).

3 Vom Parkplatz vor der 1.Abzweigung nach Bammental hat man einen schönen Halbrundblick, von links = N an erkennt man das breite, bis weit in den Hauptbuntsandstein hinein eingeschnittene ehemalige Neckar-, heutige Elsenztal mit seiner hier wieder breiteren Talsohle. Der noch von jüngerem Löß bedeckte Forellenbach-Schwemmfächer verengt es weiter im N. Gegenüber erkennt man hinter einem vor allem den Bach begleitenden Waldstreifen den Wolfsbuckel-Hang, von dessen ehemaligen Aufschlüssen aber nichts mehr erkennbar ist. Dahinter erhebt sich der allmählich nach rechts = S geologisch und morphologisch einfallende Südteil des Hollmuth-Rückens. Nach rechts (die Bundesstraße führt in dieses hinein) folgt das Biddersbach-"Quertal", das der Neckar nach seiner 1.Laufverkürzung ausgebildet haben dürfte. Weiter nach rechts folgt die meist als Hambachbuckel bezeichnete Höhe (mit Neubaugebiet und Hochhaus), die wir anschließend aufsuchen. Ihr Sockel besteht im N noch bis in etwa 160 m MH aus Buntsandstein (so+sm). Er wurde wohl "epigenetisch" vom Neckar abgetrennt, als dieser sich nach dem Abschluß der "Mauerer Akkumulationsphase" (bis mindestens in 164 m MH erhalten) von dieser aus in die Tiefe schnitt.

4 Vom "1.Rundblick" aus, er liegt etwa in 180 m MH, auf der meist Hambachbuckel

genannten Höhe (das Gewann liegt eigentlich etwas weiter östlich) hat man vor
allem nach N bis SE eine gute Übersicht. Genau im N liegt das heutige Elsenztal (s.vorigen Haltepunkt), dann schließen jeweils nach rechts an: die Schmalseite des Hollmuthrückens hinter dem "Quertal" mit dem Biddersbach, weit im
Hintergrund die Buntsandsteinhöhen nördlich vom Neckar; das Wiesenbacher Trokkental, durch das der Neckar einst von N in diese Schlinge hinein geflossen
war, und dahinter die schiefliegende Buntsandsteinscholle des Neckargemünder
Stadtwaldes; das Biddersbachtal oberhalb von Wiesenbach und rechts davon als
oberstes Stück des Talhanges die "Hauptmuschelkalkstufe"; das Lößgebiet und
seine Dellen und Felder über den Mauerer Ablagerungen und dem Muschelkalk dahinter; und von SSE an bis W über die Kuppe noch erkennbar der große Prallhang
(bis hinter dem Hochhaus entlang) in zunächst Muschelkalk, ab SW dann Buntsandstein (so) entwickelt; im NW schließlich die nicht einheitlich entwässerte Talung Bammental-Waldhilsbach auf der SE-Abdachung der Königstuhl-Scholle und
fast im N die Steilhänge zum heutigen Elsenztal.

5   Vom "2.Rundblick" aus ist vor allem der SW-Teil der Mauerer Schlinge gut zu
übersehen mit seiner heute sehr breiten, z.T. zeitweise künstlich überstauten
Elsenzaue, außerdem erkennt man im ESE die Grube am Grafenrain (Homo) und die
Sandklinge, die wir beide später besuchen.

6   Am Haltepunkt Streugutkasten gehen wir direkt hinter diesem einen Feldweg
hinauf auf den Losen Berg und dort links bis zum 2.Querweg (etwa 225 m MH). Von
diesem können wir den gesamten Südteil der Mauerer Schlinge und den großen
Prallhang von N bis SE überblicken und somit die räumliche Vorstellung für diesen Teil wesentlich verbessern. Außerdem stehen wir bereits auf einem Teil der
"Kraichgaufläche", die in unserem Gebiet vom Oberen Buntsandstein über den Muschelkalk bis in den Unteren Keuper reicht, ohne daß irgendeine deutliche
Schichtstufe dazwischen ausgebildet worden wäre.

Die Weiterfahrt führt uns ein Stück durch den nördlichen Kraichgau mit seinen
viel weicheren Formen und schließlich eine ziemlich steile Talkerbe hinunter.
Beim Bahnhof Mauer erreichen wir wieder die breite, junge Elsenzaue. Auf der
"Rennstrecke" an der Grube am Grafenrain vorbei sind wir dann auch gleich auf
der richtigen Straßenseite, um nach rechts sicher aussteigen zu können.

Vom Haltepunkt vor der Sandklinge aus konnte man früher jenseits der Straße
noch das südöstliche Ende der vom "Industriegebiet" bis hierher gereicht habenden Aufschlüsse sehen (sie wurden vor allem von MEIER-HILBERT untersucht, s.in

GRAUL 1977 und öfter). Darüber ist der Platz vom "2.Rundblick" erkennbar (das Hochhaus zur Orientierung brauchbar).

7 Vom Schutzgitter oberhalb der Grube am Grafenrain hat man (aus etwa 155 m MH) nach W etwa den entgegengesetzten Blick zu demjenigen vom "Streugutkasten", womit man diesen Südteil der Mauerer Schlinge von allen vier Seiten aus gesehen hat, was durchaus lohnt. Nach rechts schließt der Hambachbuckel an mit dem Hochhaus und davor und rechts davon mit 1. und 2.Rundblick. Diesseits der Straße folgt die Sandklinge, im W mit interessanten Kleinformen, weiter nach rechts mit früher mächtigen Aufschlüssen, von welchen allerdings nur noch Teile der Löß-Deckschichten freiliegen (der Rest verrutscht und mit Bäumen bestanden). Von der Grube am Grafenrain ist fast nur noch die ehemals letzte Abbausohle erkennbar, die seit Beginn des Abbaues durch Bagger in den 5o-er Jahren höher lag als zu der Zeit, in welcher (ziemlich rechts, in der Nähe des Gedenksteins) der Unterkiefer des Homo erectus heidelbergensis und die meisten anderen Fossilien gefunden worden waren. Durch das Höherlegen der Abbausohle vermied man das Miterfassen der gröbsten Kieslagen mit ihren oft mehr als kopfgroßen Geröllen. Ganz rechts sind nochmals die deckenden Lößschichten, auf welchen wir stehen, teilweise frei erkennbar. Die interessantesten Funde stammten meist aus dem heute teilweise verfüllten Stück der Grube hinter dem Gedenkstein. Dort war noch früher gelegentlich auch der die Mauerer Ablagerungen nach E begrenzende Muschelkalk aufgeschlossen gewesen, an dem der Abbau spätestens endete.

Auf der Fahrt nach N hat man zunächst einen schönen Blick "recht voraus" in das Wiesenbacher Trockental.
Hinter Wiesenbach, etwa ab der Talverengung beim Sportplatz, wird der rechts liegende Talhang oben vom Hauptmuschelkalk gebildet. Soll man das "Muschelkalkschichtstufe" nennen? Erst östlich von Langenzell und dem im Wald dahinter versteckten Schloß (heute Altersheim) ist gelegentlich und stückweise wirklich eine selbständige Schichtstufe des Oberen Muschelkalkes (vor allem mo_4=Trochitenkalk) erkennbar.

8 Vom Südrand des Wanderparkplatzes weiter oben im Wald (23o m MH) hat man nochmals einen schönen Überblick von Teilen der "Kraichgaufläche" über das Biddersbachtal bis auf Teile des großen Prallhanges der Mauerer Schlinge ganz rechts.

Während der nur kurzen Weiterfahrt nach N hat man gleich hinter dem Wald in Fahrtrichtung einen schönen Überblick über große Teile der alten Blumenstrichschlinge. Hintereinander sieht man den recht weiten Südteil der Schlinge mit dem Dilsberger Hof und dahinter die oberen, bewaldeten Teile vom Blumenstrich genannten ehemaligen Umlaufberg (25o m MH), dann gerade noch darüber sichtbar Ort und Festung Dilsberg; den Abschluß bilden die Buntsandsteinhöhen nördlich Neckarsteinach, also jenseits vom Neckar.

9 Am Haltepunkt kurz rechts dahinter befindet man sich etwa auf der Sohle der alten Schlinge (hier etwa 195 m MH, Mächtigkeit vom Lößlehm unbekannt). Die Schotterfunde gab es früher westlich (jenseits) der Straße in dem nur wenig höher gelegenen Bereich, auch dort unter Löß und Lößlehm.
Die Weiterfahrt führt uns, wenn die oben vorgeschlagenen Datierungen stimmen, etwa auf dem ältest-pleistocänen Talboden der "Wiesenbacher Akkumulationsphase" entlang, der von der jüngeren Erosion hier noch nicht erreicht wurde (wohl wegen genügender Durchlässigkeit des Untergrundes unter dem Löß und Lößlehm).

Auf der Fahrt nach Mückenloch gibt es rechts an der Straßenböschung Aufschlüsse im Buntsandstein, links kann man den steilen, jungen Prallhang an der Ostseite vom Dilsberg erkennen. Die Fahrt zum Friedhof (etwa 195 m MH) führt uns dann entgegen der früheren Fließrichtung des Neckars durch einen großen Teil der alten Schlinge.

1o Der kurze Fußweg zur Talwasserscheide (über 21o m MH) führt heute durch eine breite Löß-Hohle. Von ihrem Ende aus kann man das nördlichste Stück der alten Neckarschlinge und den, später allerdings durch einen kleinen Bach etwas versteilten Prallhang von damals gut übersehen. Beiderseits der Talwasserscheide liegen die alten Talbodenstücke heute in rund 19o-2oo m MH, es ist aber nicht bekannt, wie dick der Löß und Lößlehm darüber sein könnte.

11 Vom nächsten Haltepunkt an der Straße zum Neckarhäuser Hof aus sieht man links den inzwischen zerschnittenen, alten Talboden "in die Luft" ausstreichen, anschließend den jungen Prallhang an der Ostseite vom Dilsberg (bis in über 28o m MH). Rechts dahinter kann man drei der vier Burgen von Neckarsteinach erkennen (s.Exk.4) und anschließend den breiten, jungen Gleithang jenseits vom Fluß, an dessen unterem Ende die Schiffswerft liegt.

12 Vom Wende-Parkplatz aus schaut man dann erstmals in ein "normales" Stück Neckartal ohne alte Schlingen in Richtung Hirschhorn.
Nochmals am Aussichtspunkt von vorher vorbei besuchen wir zuletzt Festung, Ort und Burg Dilsberg, mit guter Übersicht besonders auf den Raum Neckargemünd und die alte Blumenstrichschlinge.

Exkursion 4: (mit Pkw und zu Fuß kombiniert)
Heidelberg - Neckarsteinach - Hirschhorn - Igelsbach - Eberbach.
(mittlerer Teil des Neckartals im Odenwald)

Exkursionsroute: Heidelberg - Neckargemünd und weiter in Richtung Eberbach.
1 Hinter Kleingemünd rechts der Straße kurzer Halt noch vor dem Anstieg zur (2-mal gefährlich abknickenden) Überführung über die Eisenbahn. Weiter bis zum Wanderparkplatz unterhalb der 2.Burg links der Straße; im Ort selbst kaum Parkmöglichkeit. Zu Fuß zur Hinterburg direkt über dem Parkplatz, dort zuerst links
2 vorbei zum Rondell (dieses hinten-rechts-herum betretbar) und später auf den Bergfrid. Die Treppe dort hinauf ist etwas "luftig" und im Turm finster (Taschenlampe mitmehmen), die Sicht von oben lohnt aber die Mühe. Verschiedene Rückwege zum Parkplatz möglich.

Weiterfahrt nach Hirschhorn, dort die Uferstraße in Richtung Eberbach entlang
3 bis zum Parkplatz am Neckarlauer rechts der Straße kurz vor dem Eckturm-Stumpf der Stadtbefestigung. Zu Fuß zuerst rechts die Mauer entlang bis zum 1.Durchlaß, dann innen die Mauer entlang bis zum Marktplatz, durchs "Mitteltor", und kurz dahinter links schräg hinauf bis zur Laterne und der Treppe zur Burg, am
4 Karmeliterkloster vorbei zur Aussicht etwas links vom Knick des Burgweges. Schließlich auf den Bergfrid hinauf (bessere Sicht kurz vorher auf einem Stück
5 der Mantelmauer; ganz oben nur sechs kleine Fenster, also "Guckkasten-Panorama"). Auf dem Rückweg vom Mitteltor die Hauptstraße vor bis zur Biegung, dann links die Weidgasse hinunter wieder zum 1.Durchlaß.

Weiterfahrt bis zum Abzweig nach Igelsbach (Vorsicht! Schwerfahrzeuge vom Be-
6 tonröhrenwerk!) und dort hinauf zur Hirschgasse und zu deren Ende. Zu Fuß zum Aussichtspunkt in rund 26o m MH in der Verlängerung der nächsttiefer gelegenen Sandgasse (Baumgruppe, Bänke).

Rückfahrt zur Neckartalstraße und dort links den Fluß entlang nach Eberbach
7 bis zum Parkplatz "H für Europabus" rechts der Straße gegenüber vom Kurhaus, oder links vor diesem selbst. Später fahren wir die Uferstraße entlang weiter und hintenherum auf und über die Brücke, danach rechts ab und schließlich wieder links in Richtung Schwanheim, bis zum Auweg rechts der ersten großen
8 Kurve und zum Beginn des Sandweges, dort beginnt der Fußweg zur Ottohöhe. Wieder zurück zur Brücke und nach Eberbach, an der T-Einmündung nach links die Neckarstraße kurz entlang und dann gleich wieder spitzwinkelig nach rechts hinten in den Breitensteinweg und diesen bis zum Wanderparkplatz Breitenstein
9 (mit Gasthof). Mit der Besichtigung der Schollerbuckel-Schlinge dort endet die

Exkursion. Anschließbar wäre die Fahrt durch Eberbach und in Richtung Waldbrunn zur Boßmannsklinge und zum Katzenbuckel (s. GRAUL 1977, Exk.5 z.T.), oder eine Fahrt von Eberbach den Neckar aufwärts in Richtung Binau - Mosbach.

1 Auf der Fahrt hinter Kleingemünd den Gleithang entlang und dem ersten Halt ein schöner Blick auf den Dilsberg, den Ein- und den Ausgang der alten Blumenstrichschlinge oberhalb Rainbach und den jungen Prallhang rechts davon.
Hinter der 2mal stark abknickenden Straßenüberführung über die Bahn Blick auf Neckarsteinach und seine vier Burgen, von links: Schwalbennest, Hinter-, Mittel- und Vorderburg (Namen von der am Fuß der Vorderburg liegenden Altstadt aus zu verstehen; Vorder- und Mittelburg bewohnt).

2 Vom Wanderparkplatz (mit Wegekarte) Aufstieg zur Hinterburg und dort zuerst links an der SE-Mauer entlang zum Eck-Rondell: Ausblick auf den Dilsberg, die Blumenstrich-Schlinge, den großen, jungen Prallhang zwischen Rainbach und Neckargemünd auf der Südseite des Flusses und den ebenso jungen Prallhang unter der Burg Schwalbennest ganz rechts, dem Gegenstück zum großen Dilsberg-Rainbacher Gleithang.
Vom überdachten Bergfrid aus ist das eben erwähnte Teilpanorama noch besser zu übersehen, es rundet sich aber auch zum 360°-Panorama. Von der Burg Schwalbennest weiter nach rechts folgen die Buntsandsteinberge hinter der Burg mit ihrem Sporn zum Burgrücken, über dem wir stehen. Diese Landscheide (etwa 18o - 19o m MH), im Dialekt "Landschad", einem bei den früheren Burgherren mehrmals auftauchendem Namen, war (falsch verstanden) der Anlaß zu Raubrittergeschichten. Nördlich davon folgt das tief eingeschnittene Steinachtal, dessen oberste Abschnitte wir auf den Exk.5+6 kennenlernen werden. Es biegt hier weit nach E und mündet so fast entgegen der Fließrichtung des Hauptflusses in diesen ein. Über die Entstehung des Rückens gibt es verschiedene Hypothesen. Immerhin fällt auf, daß seine Höhe ziemlich genau der maximalen Höhe der "Wiesenbacher Akkumulationsphase" südlich vom Neckar entspricht; ob man aber daraus große Schlüsse ziehen kann, das halte ich für fraglich. Neckaraufwärts kann man den früheren Eingang zur Mückenlocher Neckarschlinge und den zugehörigen Umlaufberg erkennen, der Rest wird abgeschnitten durch den jungen Prallhang an der Ostseite vom Dilsberg.
Weiter zur Burg Schwalbennest (erst ein Stück den Hangsporn hinauf und dann links; auf dem Weg dorthin Vorsicht, wenig unterhalb vom Weg beginnen senkrechte Steinbruchwände, ein Verlassen des Weges bedeutet also Lebensgefahr), vor allem in ihrem Halsgraben verschiedene Rückwitterungs- und Auspülungs-

Erscheinungen im Buntsandstein, die man hier sogar datieren kann, weil die Flächen vorher bearbeitet waren. Von der Burg aus vor allem guter Überblick über die anderen Burgen und den Ort Neckarsteinach, dessen alten Kern man an den beiden Kirchen am Fuß der Vorderburg erkennen kann.

Falls genügend Zeit vorhanden empfiehlt sich der Rückweg die Burgen entlang auf verschiedenen Wegen bis zum Stadtkern, und nachher die Bundesstraße entlang zurück zum Parkplatz. Man kann auch noch über die Burg Schwalbennest hinaus etwas weiter gehen in Richtung Kleingemünd und dann einen Zickzackweg entlang links hinunter in die Steinbrüche unterhalb und dort zwischen diesen und der Bahn zurück zum Parkplatz.

Hinter Neckarsteinach: Links und bis zum Neckar der junge Gleithang mit der Schiffswerft (vergl.Exk.4) unter dem alten Prallhang ganz links.

3 Hirschhorn, kurz vor dem Beginn der alten Stadtbefestigung, recht guter Überblick möglich über Stadt und Burg. Das jüngere "Vorderstädtl" reicht bis zum Mitteltor neben der Kirche, dahinter der älteste Teil der Stadt (vorher Weiler), das "Hinterstädtl", 1391 zur Stadt erhoben. Zu allen drei Quermauern der Stadtbefestigung führen "Schenkelmauern" von der Burg herunter, die mittlere davon ist am besten erkennbar.

4 Vom Rondell zwischen Burgweg und mittlerer Mantelmauer gute Übersicht: Ganz links, hinter dem 1406 zwischen Burg und Stadt gegründeten Karmeliterkloster und weit nach rechts der große, junge Prallhang; weiter im Vordergrund der besonders lang entwickelte Gleithang von Ersheim (Ort 773 erstmals erwähnt), dessen alte Kirche St.Nazarius (Neubau 1355, Chor 1517) bis zur Reformation die Pfarrkirche von Hirschhorn blieb. Später wurde sie als Friedhofskapelle verwendet, obwohl sie bis zum Bau der Staustufe mit der Brücke nur per Boot erreichbar war. Noch nach dem letzten Krieg war die drübige Seite unverbautes Ackerland. Die Kirche selbst ist knapp rechts neben den vier ganz dicht stehenden Fichten erkennbar. Die Fortsetzung des Gleithanges in Form des Buntsandstein-Spornes mit der "Hirschhorner Steige" wird zur Zeit durchtunnelt, um die gefährliche lange Kurve hinter Hirschhorn abzuschneiden und gleichzeitig die stark hochwassergefährdete Strecke unterhalb der Stadtmauer zu umgehen; bei Hochwasser war und ist z.Zt.noch für den Schwerverkehr weiträumige Umleitung nötig, da die Hauptstraße durch die Stadt viel zu schmal dafür wäre und die Uferstraße aus denkmalpflegerischen Gründen verständlicherweise nicht höhergelegt werden kann. Im Vordergrund sind "Hinterstädtl", die mittlere Schenkelmauer bis zum Mitteltor und rechts davon das "Vorderstädtl" gut zu übersehen.

Der Durchgang rechts ermöglicht den Blick auf die jüngste der drei Schenkelmauern ganz rechts.
Für den Aufstieg zum Bergfrid werden z.Zt. -.2o DM/Person erbeten. Von einem
Stück Wehrgang auf der obersten der drei übereinander stehenden Mantelmauern der Burg ist die beste Aussicht über den Rest des Panoramas, vor allem neckaraufwärts und in die bei Hirschhorn von N einmündenden Nebentäler, aber auch hinunter in den Halsgraben und auf die übrigen Reste der Burg möglich.
Auf dem Rückweg durch den vorderen Teil der Hauptstraße von Hirschhorn kann man einige schöne, alte Fachwerkhäuser sehen.

Auf der Weiterfahrt in Richtung Eberbach erkennt man zunächst fast am jenseitigen Ufer die alte Ersheimer Kirche und bemerkt sehr bald danach, daß die etwas älteren Teile des großen Gleithanges bereits wieder von hinten her durch einen noch jüngeren Prallhang unterschnitten werden. Später fährt man fast direkt auf einen großen, noch in Nutzung befindlichen Steinbruch links der Straße zu, in dem man die mächtige Bankung besonders schön ausgebildet vorfindet. Die auch sonst ab Ziegelhausen immer wieder aufgetauchten alten Steinbrüche sind meist schon stark zugewachsen.
Gegenüber von Pleutersbach (am anderen Ufer gelegen) und an der Eberbacher Kläranlage liegt die Abzweigung nach Igelsbach, links unter der Bahn durch.
Oben angekommen hat man von den Feldern oberhalb des Straßen-Endes den besten Oberblick über die ganze ehemalige Igelsbacher Neckarschlinge und ihren Umlaufberg = Böserberg (286 m MH), nach rechts auch auf die oberen Teile des heuheutigen Neckartales und bis zum gerade noch über die Hochflächen herausschauenden Katzenbuckel-Basaltschlot-Härtling (626 m MH).
Der Weg vom Ende des nächsttiefer gelegenen Sandweges nach rechts = SE zur Sitzgruppe verläuft etwas über der früheren Talsohle entlang. Vom Aussichtspunkt hinter den Bänken sieht man in das vorher verdeckt gebliebene heutige Neckartal hinunter; etwa in ENE die Ohrsberg-Schlinge und Eberbach, darüber die Burgruinen, und nochmals darüber die "Winterhauch" genannten Hochflächen mit dem Katzenbuckel (dort zieht der Frühling 3-6 Wochen später ein als an der Bergstraße); nach N sind nochmals große Teile der alten Schlinge hier oben erkennbar, die inzwischen verkehrtherum vom östlich vorbeiziehenden Gretengrund aus entwässert wird.
Auf der Rückfahrt vom unteren Ortsende aus kurzer Blick über den Kniebrech-Sporn hinweg in die Schollerbuckel-Schlinge möglich, die wir zuletzt noch besuchen werden.

7   Vom Parkplatz beim Kurhaus in Eberbach hat man eine gute Übersicht über den Neckar und den Hungerbuckel, den wir später noch besuchen.
Eine kurze Stadtbesichtigung lohnt. Hinter der kleinen Parkanlage mit den Bronze-Wildschweinen und dem Löwenbrunnen steht der stumpfwinklige "Pulverturm" = alter Mantelturm an der gefährdetsten Ecke der Stadt (1230 bis 15.Jh., Erker später, Uhr 1766). Unser Weg führt uns zunächst die Neckarfront = Zwingerstraße entlang zum "Blauen Hut" am anderen Eck der Stadtbefestigung an der Flußseite (14.Jh., nachträglich auf die Mauer aufgesetzt), um diesen herum nach links in die Weidenstraße bis zum ersten Durchlaß durch die Mauer und dort links in die Altstadt = Pfarrgasse hinein. Gleich rechts steht der alte Pfarrhof, gegenüber ein Fachwerkhaus von 1570. Der Weg geradeaus weiter führt uns über den Alten Markt bis wieder zum Pulverturm; überall, auch besonders in den schmalen Seitengassen, Fachwerkhäuser. Rechts ab führt dann die Friedrich-Straße knapp außerhalb der Altstadt zum Lindenplatz, an dessen Ostseite wird sie wieder erreicht mit dem Alten Badhaus (1784), dem Haspelturm und anderen alten Häusern (die Obere Badstraße führt von dort über die schmale Hauptstraße weg zum Rosenturm links dahinter, dem 4.Eckturm der Altstadt).

8   Auf dem kurzen Fußweg über den Hungerbuckel zur Ottohöhe erkennen wir an den Hangschutt-Lesesteinen und dem roten Sandboden, daß wir auf einem Buntsandsteinrücken sind. Vom höchsten Punkt (194 m MH) noch vor der Hütte übersieht man besonders gut die alten Schlingen von Igelsbach (talab) und dem Schollerbuckel (talauf). Vom Umgang um die Hütte auf der "Ottohöhe" (etwa 190 m MH) ergibt sich besonders in der blattlosen Zeit ein schönes Panorama: Talab nochmals die Igelsbacher Schlinge, nach rechts folgen das Gebiet um die Hohe Warte (vergl. ZIENERT 1957), die Ohrsberg-Schlinge und ihre Umrandung, die Stadt Eberbach (Altstadt durch Baumreihe verdeckt) und die Burgruinen darüber, talauf auf den Schollerbuckel. Der Rest des Panoramas wird durch die Sandsteinberge südlich vom Neckar eingenommen, im Tal darin ein Teil der Neubaugebiete von Eberbach.

9   Die noch recht wenig zerschnittene und bisher auch nicht verbaute Schlinge um den Schollerbuckel weist noch die Ackerterrassen mit Obstbäumen die (nur aus Buntsandstein-Hangschutt bestehenden) Lesestein-Mauern oder die Erdböschungen entlang auf. Heute wird das Gebiet nur noch als Grünland genutzt. Ein Spaziergang (verschiedene Wege möglich) um den Schollerbuckel herum lohnt, u.a. durch Aussicht in Richtung Igelsbach. Das recht kühle und feuchte Lokalklima am Südrand der Wiesen läßt sich am starken Flechtenbewuchs der alten Obstbäume dort ablesen.

NECKARTAL, BUNTSANDSTEIN- UND KRISTALLINER ODENWALD

Exkursion 5: (Pkw und zu Fuß kombiniert)
Stift Neuburg -- Peterstal -- Wilhelmsfeld -- Eichelberg.

Exkursionsroute: Mit Pkw ab HD, Ziegelhäuser Landstraße = Nordseite vom Neckar
1 nach E, kurz hinter dem Hotel Haarlaß schräg links hinauf zum Stift Neuburg,
2 weiter hinauf zu den Büchsenäckern SE vom "Köpfle" (Sportanlagen), dann durch
3 die Neubaugebiete nach N und hinunter zur Talstraße an der "Grenze" zwischen
Ziegelhausen und Peterstal, links hinauf die Busstrecke entlang zum "Langen
4,5 Kirschbaum" = Paßhöhe mit zwei großen Parkplätzen, weiter nach Wilhelmsfeld
6 und dort die von Schriesheim heraufkommende Straße querend in Richtung Altenbach/Kohlhof, an der Y-Gabelung rechts hinauf zum Kohlhof und zum Parkplatz
7 Hirtenstein rechts von der nächsten Straßengabelung; Rückfahrt beliebig. Die
genannten Parkplätze dienen als Ausgangspunkte für zwei kürzere und eine längere Fußtour. Einkehrmöglichkeiten: Wilhelmsfeld und Kohlhof.

Zum Heidelberger Taltrichter siehe Ekursion 1 und zugehörigen Oberblick
(dort auch Neckar und Neckarschiffahrt).

1 Das Stift Neuburg (eigentlich wieder Abtei; kleiner Parkplatz vor dem Haupteingang) wurde um 1130 auf den Resten einer Burg gegründet und 1165 dem Kloster Lorsch unterstellt. Das Bistum Worms als großer Konkurrent hatte 1145 das Kloster Schönau im Steinachtal gegründet. Zur sehr wechselvollen Geschichte siehe G.PFEIFER 1963 und Kreisbeschreibung 2,S.1056.

Vom Weg wenige Meter nach W schöner Rückblick auf Heidelberg und die Talenge zwischen Haarlaß/Russenstein rechts und der Teufelskanzel links vom Fluß. Die heutigen Verkehrswege südlich = links vom Neckar wurden erst durch Sprengungen und Aufschüttungen möglich. Vorher verlief der Weg dort über den Schloß-Wolfsbrunnen-Weg, also auf der durch viele Quellaustritte gekennzeichneten Granit-Denudationsterrasse entlang, die Straße nach Neckargemünd sogar über den (zweiten) Kohlhof südlich vom Königstuhl, also über das Gebirge.

2 An den Büchsenäckern (= Rückenfläche; Halten nur am Straßenrand möglich, von den Parkplätzen am "Köpfle" keine Sicht) steht unter Lößlehm und Löß Zechstein und darunter Granit an. Der Rücken gehört also zur Granitdenudationsterrasse nördlich vom Neckar. Zwischen HD-Hirschgasse und den Büchsenäckern gab es beiderseits der Verlängerung des Philosophenweges (diesen selbst s.Exk.1) früher Manganmulm-Abbau im Zechstein oberhalb vom Granit; es sind noch Halden und Stollenansätze erkennbar.

Die Höhenlage der beiden Denudationsterrassen beiderseits vom Neckar ist im östlichen Teil recht unterschiedlich. Im S taucht sie nach E allmählich ab, im N endet sie ziemlich abrupt östlich der Büchsenäcker an einer vermuteten Verwerfung im Ziegelhäuser Tal. Jenseits vom Bach steht Granit nur noch ganz in Flußnähe an, darüber liegen allerdings mächtige junge Sedimente, darunter die Ziegelhäuser Tone (s.Exk.3), am Hang östlich vom Stift Neuburg auch noch Schotter, angelagert an Granit und lößüberdeckt, bis 65 m über Flußniveau.

Der von den Büchsenäckern aus gut einsehbare Nordhang der Königstuhlscholle ist gekennzeichnet durch zwei große Hangnischen-Quelltrichter, die man um die Jahrhundertwende sogar für eiszeitliche Kargletscher-Nischen hielt. In ihnen liegen die bekannten "Felsenmeere", in der linken = östlichen Nische das Wolfsbrunnen-, in der westlichen = rechten das Rombach-Felsenmeer. Durch die N- bis NE-Exposition und ihre Lage im Bereich der größten Niederschläge der Umgebung (kurz hinter dem stauenden Königstuhl) wird es dort auf und zwischen den Felsbrocken selbst subalpinen Moosen, Flechten und Bärlappgewächsen ermöglicht, sich voll zu entwickeln. Erkennbar werden diese Sonderverhältnisse auch an den vor rund 1oo Jahren gepflanzten Arven = Zirbelkiefern, die sogar ab und zu fruchten, sich also wohlfühlen müssen.

Zur möglichen Entwicklung der teilweise recht kompliziert zusammengesetzten Blockströme usw. s.GEIGER und GRAUL; meine botanischen Aufnahmen sind nicht veröffentlicht, s.aber auch REZNIK in der Kreisbeschreibung Bd.1,S.89-111.

3 Der Porphyr-Aufschluß kurz hinter der ehemaligen Grenze zwischen Ziegelhausen und Peterstal zeigt recht andere Strukturen als die Porphyre bei Dossenheim (s.Exk.2,S.23). Über einen möglichen Zusammenhang beider Vorkommen ist nichts bekannt. Im Gelände ist auch kaum erkennbar, daß die ganze Y-förmige Talgabel auf insgesamt etwa 1 km Länge bis in die Porphyre eingeschnitten ist.

Über das frühere Glashüttendorf Peterstal siehe Kreisbeschreibung Bd.2, S.1o7o.

Der Doppelparkplatz am Langen Kirschbaum ist Ausgangspunkt zweier kleinerer Fußtouren.

4 Der erste Weg zum Schriesheimer Kopf führt zunächst nach NE (= rechts) in Richtung Grillhütte, aber nur bis zur ersten Wegegabelung, dort den linken Weg entlang bis zum N-Rand des Buchen-Altbestandes mit Ausblick N-SE:

Der Katzenbuckel (626 m, höchster Berg des Odenwaldes) zeigt sich ziemlich genau im E als flacher Härtling über den heutigen Hochflächen = "Winterhauch". Zur Zeit der Entstehung der ihn aufbauenden basaltischen Schlotfüllung vor etwa 58 Mill. Jahren müssen aber noch gut 6oo m Gestein über dem heute noch rundherum ziemlich vollständig erhaltenen Buntsandstein vorhanden gewesen sein. Im Schlot an die Seite gedrückt findet man nämlich wohl vor Aufdringen der Nephelinbasalte in diesen Schlot hineingefallene Tuffe mit teilweise noch erkennbaren Fossilien. Danach müßte damals noch mindestens Braunjura vorhanden gewesen sein, den es heute in größerer Verbreitung nur noch im Albvorland gibt. Über mögliche Formen des damals vielleicht entstandenen Vulkan-Aufbaus darüber kann man natürlich nur spekulieren.

Selbstverständlich darf man sich aber nicht vorstellen, daß der Katzenbuckel dann rund 12oo m hoch oder noch höher gewesen wäre, denn der ganze südliche Odenwald wurde erst sehr viel später in seine heutige Höhe gehoben (s.Landschaftsgeschichte).

Die heutigen Hochflächen im Buntsandstein und das in sie eingetiefte Gewässernetz entstanden wohl erst seit dem Miocän (s.ZIENERT 1957,S.117 ff.). Die flächenhafte Abtragung seither dürfte gut 5o m betragen haben, wie sich aus einer Reihe von Anhaltspunkten ergibt (ganz zuletzt kam auch GRAUL zu demselben Ergebnis, wie sein Vortrag vor dem Arbeitskreis für Geomorphologie in Tübingen 1975 zeigte). Die Eintiefung des Gewässernetzes während der gleichzeitigen Heraushebung des Odenwaldes erreichte wohl bis über 4oo m.

Die meisten der zum Neckar führenden Nebentäler zwischen HD und dem Raum Eberbach verlaufen etwa N-S (Hauptrichtung N 1o°E), was der Haupt-Kluftrichtung im mittleren Buntsandstein entspricht. Es gibt aber Ausnahmen: 1) die Talfolge Amorbach-Eberbach-Neckargemünd mit NE-SW und wohl großtektonischer Anlage (ZIENERT 1961,S.1o5 ff.) und 2) einige kleinere Seitentalstücke, z.B. in Ziegelhausen oder von Heddesbach bis Hirschhorn, mit NW-SE, also senkrecht zum Neckar, und der Neckarlauf oberhalb von Eberbach mit SE-NW (vergl. die geologische Karte 1:1oo.ooo von KLEMM, 1929; über mögliche Ableitungen dieser Talrichtungen ZIENERT 1957,z.B. S.11o ff.).

Zwischen den überwiegend N-S verlaufenden Tälern blieben langgestreckte, oben in Längsrichtung meist nur leicht gewellte Sandsteinrücken erhalten. Ihre Rückenflächen sind in den verschiedensten Horizonten des mittleren Buntsand-

steins (sm) entwickelt. Gelegentlich treten auf ihnen rund 5o m hohe "Restberge" auf. Es sind teilweise wohl Reste etwas härterer sm-Partien; sie können aber auch aus anderen Gründen erhalten sein, z.B. als "Fernlinge".
Gelegentlich gibt es auf diesen Rücken kleinere Siedlungen. Im S-Teil des Gebirges handelt es sich immer um Gebiete mit erhaltenem oberem Buntsandstein (so) mit seinen bindigeren Böden, die wenigstens eine ärmliche Landwirtschaft zuließen (heute oft zugunsten von Naherholungs-Einrichtungen aufgegeben).

Oberblickt man schließlich noch die Waldzusammensetzung im Sandsteingebiet, so überwiegen heute die Nadelhölzer, während ursprünglich auf den Höhen die Buche vorherrschend gewesen sein muß. Der Altbestand am Standort selbst wäre also eigentlich typisch.

Der zweite Weg von denselben Parkplätzen aus nach W führt an dem Wildschweingatter vorbei (oder den nächsten Weg rechts davon, beide kommen wieder zusammen) zu einer leider allmählich zuwachsenden Aussicht östlich vom Weißen Stein (ersatzweise könnte man auch den Aussichtsturm am Weißen Stein selbst nehmen; der Schlüssel ist in der Gastwirtschaft gegen eine kleine Gebühr erhältlich),
5 kurz hinter der Blockhütte etwas nach N = rechts in Wegrichtung gelegen, etwa 1 km vom Ausgangspunkt entfernt (der Weg zum Weißen Stein wäre etwa doppelt so lang).

Von dort kann man im Vordergrund die Buntsandsteinstufe etwa von oberhalb der "Jägerhütte" in WNW (s.Exk.2) bis über Wilhelmsfeld im NE hinaus überblicken, auch ihren weiteren Verlauf nach N bis zum Hardberg, dem höchsten aus sm bestehenden Berg des Odenwaldes (zum Hardberg usw. siehe übernächsten Haltepunkt und die Eichelberg-Wanderung).
Nördlich schließt das tief eingeschnittene Kanzelbachtal an, der übersehbare Abschnitt überwiegend im Rotliegenden gelegen (darüber PRIER 1975). Es mündet nach einer im W noch erkennbaren Granit-Engstrecke in Schriesheim in die Ebene aus.
Hinter dem Kanzelbachtal und einigen Nebentälern vor allem um Altenbach folgt eine aus Kristallin bestehende Bergreihe von der Hohen Waid (457 m) im W über das Gebiet um Ursenbach und den Eichelberg (528 m) bis zum Fuß der Buntsandsteinstufe nördlich Wilhelmsfeld (etwa 465 m MH). Die Gipfelpartien der Berge westlich von Ursenbach werden meist aus kontaktmetamorphen und deshalb der Abtragung gegenüber besonders harten Gesteinen gebildet, östlich davon steht nur

Granit an. Schon bei diesem Überblick fällt die viel engmaschigere Zerschneidung des Kristallin-Gebietes im Gegensatz zur meist weiterständigen der Sandsteingebiete auf. Zur unterschiedlichen Formung gesellt sich die unterschiedliche Bodenbedeckung: überwiegend Nadelwald im sm, überwiegend Laubwald und dazwischen Wiesen und Felder im Kristallin. Zum Teil sind dort nur noch die steileren Partien und die meist felsigen Kuppen bewaldet, das weniger steile bis flache Gelände aber gerodet. Auch hier geht die landwirtschaftliche Nutzung immer stärker zurück und "Naherholung" wie Zweitwohnungen, Wochenendhäuschen, Reithöfe usw. machen sich breit. Entsprechend nehmen die Probleme mit der Wasserversorgung in dem kaum von Verwitterungsschutt bedeckten Gebiet zu, sodaß seit einigen Jahren Wasser aus der Oberrheinebene zugeleitet wird (Gruppenwasserversorgung). -- Zurück zum Parkplatz.

6 Kurz vor Wilhelmsfeld liegt am N-Fuß des Schriesheimer Kopfes am Waldrand rechts der Straße ein kleiner Wander-Parkplatz. Von der kurzen Abzweigung zu diesem hat man einen guten Überblick über den Ort, der ursprünglich aus mehreren Häusergruppen bestand.
Die Einsattelung am "Schriesheimer Hof" (er gehört erst seit wenigen Jahren zu Wilhelmsfeld) an der Straßenkreuzung liegt im weicheren unteren Buntsandstein, der Parkplatz bereits am Fuß der Buntsandsteinstufe (sm). Sie überragt im Schriesheimer Kopf (s. vorletzten Aussichtspunkt) die Einsattelung um rund 7o m. Nach W und E erreichen die Täler bald Rotliegendes und Granit, entsprechend häufig sind Quellen.
Im N sieht man die z.T. recht flachen, letzten Buntsandsteinhöhen in dieser Richtung (Köhlerswald usw.), alle rund 7o m hoch relativ zum meist kristallinen Vorland der Stufe im NW und N. Nach E = rechts nimmt die Mächtigkeit des (noch erhaltenen) Buntsandsteins sehr schnell zu.

Vom Parkplatz Hirtenstein nördlich der eben genannten Sandsteinberge beginnt
7 die Fußtour zum Eichelberg, etwas über 2 km lang in einer Richtung.
Wenig nördlich vom Hirtenstein hat man von der Straße aus gute Sicht nach NE bis E auf den Verflachungstrichter auf Granit bis unterem Buntsandstein (su) und die sm- Zeugenbergreihe vom Geisberg im S bis zum Hardberg bei Siedelsbrunn im N. Die Buntsandstein-Mächtigkeit nimmt in diesem Rücken durch starkes Einfallen nach E rasch zu, trotzdem liegt zumindest die Sohle des östlich davon verlaufenden Eiterbachtales großenteils im Granit und nur die südlichsten gut 2 km im su. Die "permische Landoberfläche" zwischen Kristallin und

Buntsandstein streicht nach W ziemlich steil in die Luft aus, die Verflachungen vor der Stufe können also nicht zu ihr gehören (STRIGEL 1912/14).
Diese recht breiten, nur von der Steinach mehr oder weniger stark zerschnittenen Verflachungen vor der Buntsandsteinschichtstufe (auch unsere Straße verläuft darauf) können erst nach Abräumung des Buntsandsteins darüber entstanden sein. Solche Verflachungen wurden von SCHMITTHENNER als "Basislandterrasse des Schichtstufenlandes" bezeichnet.
Sobald der Wald auch links = westlich der Straße endet führt der (befestigte) Weg schräg links ab, zunächst den Waldrand entlang: schöner Blick auf Lampenhain, das in einem tief eingeschnittenen Nebentälchen der Steinach liegt. Die Landwirtschaft im Kristallingebiet hat meist nur ziemlich nährstoffarme Granitgrusböden zur Verfügung, trotzdem ist sie in Lampenhain noch ziemlich intakt. Links vom Weg kann man auch die "Bodenqualität" der Kuppen des Gebietes leicht erkennen; in dem recht kümmerlichen Eichenwald schauen die Felsbrocken überall durch, z.T. auch Anstehendes. Eine Ackernutzung ist an solchen Stellen natürlich nicht möglich (Buchweizen früher ausgenommen, s.u.).
In leichtem Auf und Ab führt der Weg dann durch ein weiteres Wäldchen bis zu einer etwas schiefen Wegekreuzung mit Hinweisschild "zum Eichelberg". Leicht schräg links geht es weiter, nach dem ersten Feld beginnt in rechtem Winkel nach links = SW der schmale (schönere) Weg zum Eichelberg (um 1950 konnte ich auf einem kahlen Ast einer freistehenden Kiefer an seinem Beginn noch einen Auerhahn beobachten).
Im anschließenden Wald kann man noch gut sehen, wie dieser früher bewirtschaftet worden ist, nämlich als "Niederwald" (es gab ihn auch schon vorher an unserem Weg). Diese Betriebsart ist nur bei Bäumen möglich, die sich nach dem Abschlagen durch "Stockausschläge" regenerieren, also bei Laubbäumen, besonders Eichen und Hain-=Weißbuchen. Die Bäume wurden also gefällt und auf die Fläche 1-2 Jahre z.B. Buchweizen gesät ("Buchweizen" ist eine körnertragende Knöterich-Art, die früher auf armen Böden weit verbreitet war). Aus jedem Stumpf schlugen dann mehrere (bis 20) Jungtriebe aus "schlafenden Augen" = Reserveknospen aus, der Habitus wurde strauchartig, ähnlich der Haselnuß. Nach rund 20 Jahren wurde das bis dahin entstandene Knüppelholz geschlagen, da in diesem Zeitraum der Holzzuwachs am größten ist an Masse. Eichen wurden meist entrindet zur Gerbstoffgewinnung und die dickeren Knüppel zu Faßdauben verarbeitet (so besonders um Eberbach am Neckar). Alles übrige ergab Brennholz. Alle Reste blieben nicht wie heute liegen, sondern sie wurden auf dem "Feld" ver-

brannt zur Asche-Düngung und anschließend wieder Buchweizen, seltener Gerste, ausgesät. Waldweide trug ebenfalls zum Degenerieren der Wälder bei. Teilweise läßt man solche Niederwald-Gebiete heute einfach weiterwachsen, weil ihre Nutzung nicht mehr lohnt. Teilweise reduziert man die Zahl der Stangen auf 1-3 je Stumpf und überführt so zu Mittelwald. Meist zieht man aber Kahlschlag und völlige Neupflanzung vor, mit teilweise miserablem Erfolg gerade am S-Hang vom Wildeleutstein und Eichelberg, durch den uns der Weg führt. Einige Neupflanzungen gingen aus Wassermangel erst gar nicht an, andere sind erst Jahre später vertrocknet, sodaß ein Stück Wald jahrelang aussah wie nach einem Waldbrand (die letzten schwarzen "Stämme" stehen heute noch).
Die erste Aussicht nach W bis SE (über einigen großen Felsen, mit Ruhebank) ermöglicht einen schönen Ausblick auf das Gebiet um Altenbach mit seinen weitverzweigten Tälchen, und bis auf den N-Rand des Buntsandsteins um den Weißen Stein herum (das Gegenstück zur Aussicht an der Blockhütte auf dieser Exkursion).
Der Weiterweg führt durch Besenginsterbestände, im Kristallin immer ein Zeichen für blanken Granitgrus, zur Einsattelung zwischen Wildeleutstein und Eichelberg. Am Wildeleutstein-Gipfel gibt es besonders große Felsblöcke, aber keine Aussicht mehr; der Kahlschlag auf der Ostseite nach dem Krieg ermöglichte eine ausgezeichnete Sicht auf die Granitlandschaft vor der Sandsteinstufe und auf diese selbst östlich der Steinach. Auch am Eichelberg ist man seit langer Zeit genötigt, nach zufällig noch möglichen oder neu entstandenen Aussichten sich umzusehen. Der nicht besonders hohe Aussichtsturm ist nämlich die meiste Zeit zugesperrt. Gelegentlich ist ein kleiner Ausschank geöffnet, dann ist auch der Turm frei zugänglich (vermutlich gab es zu viele mutwillige Beschädigungen vor dem Absperren).

Auf der N-Seite des Eichelberges gibt es auf dem Hauptweg hinunter noch eine Aussicht in Richtung N auf die Flachreliefgebiete um Oberflockenbach, die östlich anschließende Kristallin-Stufe zur "Basislandterrasse" usw., und nach N auf weite Teile des übrigen Kristallinen oder Bergsträßer Odenwaldes, weshalb hier auf die Formenentwicklung dieser Gebiete eingegangen werden soll (vergl. ZIENERT 1957).

Während im Buntsandstein-Odenwald die unterschiedliche Härte flachlagernder Schichtglieder die Formung wesentlich beeinflußt, und die in den einzelnen Abschnitten 5o bis über 2oo m hohe Buntsandsteinstufe die Außengrenze bildet, gibt es im Kristallinen Odenwald dergleichen nicht. Selbstverständlich spielen auch hier unterschiedliche Widerständigkeiten von Gesteinen eine beachtenswerte Rolle, aber in einer Beziehung sind doch alle seine Gesteine gleich, sie sind wasserundurchlässig. In ihnen vorhandene Haarrisse bis Klüfte werden früher oder später durch toniges Verwitterungsmaterial zugeschmiert und dann kann Wasser nur noch oberflächlich abfließen, während es im Buntsandstein die Klüfte entlang durchkann, in Kalken seine Bewegungsbahnen sogar durch Lösung fast beliebig vergrößern kann ("Verkarstung"). Dieser Zwang für das Wasser "oberflächlich" (einschließlich einer meist kaum 1/2 m mächtigen

Abb.15: Odenwald, geologische Übersicht (ZIENERT 1954)

Signaturen:
1   Basalte (nur wichtigste Vorkommen)
2   Oligocän von Heppenheim
3   Muschelkalk von Erbach-Michelstadt und der Vorstaffel
4   Oberer Buntsandstein von Erbach (im S nicht ausgeschieden)
5   Mittlerer Buntsandstein (im S einschließlich Oberem B.)
    gestrichelt: Buntsandstein des Klingener Beckens
6   Unterer Buntsandstein, gestrichelt: Klingener Becken W
7   Rotliegendes verschiedenster Zusammensetzung
8   Porphyre
9   Hornblendegranit vorherrschend
10 Biotitgranit vorherrschend
11 Mischgebiete verschiedenster kristalliner Gesteine
12 Kristalline Schiefer vorherrschend
13-15 Kristallin des "Böllsteiner Odenwaldes"

Abkürzungen:
A	Aschaffenburg/Main	Ma	Mauer/Elsenz
B	Bensheim/Bergstraße	Me	Messel
Bi	Binau/Neckar	Mi	Michelstadt/Mümling
Br	Brensbach/Gersprenz	N	Nußloch bei Heidelberg
D	Darmstadt	Ob	Otzberg
Di	Dieburg/Gersprenz	R	Roßberg
E	Eberbach/Neckar	S	Seeheim/Bergstraße
Er	Erbach/Mümling	Sb	Schauenburg bei Dossenheim
H	Heidelberg	U	Groß Umstadt
He	Heppenheim/Bergstraße	W	Weinheim/Bergstraße
K	Katzenbuckel bei Eberbach	Wt	Wartturm bei Pflaumheim
M	Miltenberg/Main		

Grundlagen: Geologische Übersichtskarte des Odenwaldes 1:100.000 (KLEMM)
für den Südrand die geol.Karten 1:25.000

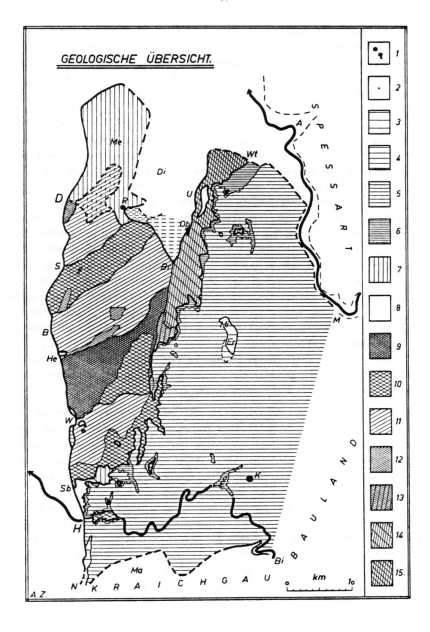

Verwitterungsschicht) abzufließen führt zu dem schon mehrfach erwähnten, engmaschigen Entwässerungsnetz (und zum Wassermangel in großen Teilen des Jahres). Das Relief im Kristallin ist also wesentlich kleinräumiger gegliedert als im Sandstein.

Trotzdem gibt es erstaunlicherweise recht große Verflachungen im Kristallin, und besonders hier nördlich vom Eichelberg (s.Skizze 5,S.62 und die Abb. vor S.11, dazu Text S.69 ff. in ZIENERT 1957). Östlich der Bruchstufe zum Oberrheingraben im W gibt es einen etwas höher gelegenen, in einzelne "Restberge" aufgelösten westlichen Randstreifen im Kristallin (Hohe Waid usw.). Um diese Restberge herum und zwischen ihnen hindurch greift dann aber bis 5-7 km weit nach E ein Flachreliefgebiet, das wohl nur während einer Zeit tektonischer Ruhe etwa in Höhe des Vorfluters (= Rheinebene) entstanden sein kann. Es liegt heute 3o-38o m hoch und ist inzwischen in verschiedene Riedel zerschnitten, nimmt aber immer noch rund 5o% der Gesamtfläche des Gebietes um Oberflockenbach ein. Darüber folgt im SE bis E eine Steilstufe von rund 15o m relativer Höhe im Kristallin, in sehr gezacktem, teilweise deutlich gesteinsabhängigem Verlauf vom Eichelberg an nach N. Über dieser Stufe und immer noch im Kristallin ähnlicher Zusammensetzung liegt die "Basislandterrasse" in rund 5oo - 54o m MH. Erst darüber erhebt sich die Buntsandsteinstufe der Zeugenberg-Reihe Hardberg-Geisberg-Köhlerswald (zur Datierung all dieser Formen siehe Landschaftsgeschichte).

Die beiden genannten Verflachungs-Stockwerke sind durch Felder und Wiesen gekennzeichnet, die Täler darunter und die Restberge sowie die Steilstufe darüber und schließlich die Buntsandsteinstufe sind bewaldet.

Von den verschiedenen Ausgangspunkten am Eichelberg aus führen verschiedene Wege zurück zur zuletzt genannten Wegekreuzung mit dem Schild "zum Eichelberg" und zum Parkplatz am Hirtenstein; am besten benutzt man aber wieder denselben Weg, der uns schon hergeführt hat, sonst landet man leicht in Altenbach oder einem der östlichen Ortsteile von Oberflockenbach, und dann heißt es kräftig steigen, um den Ausgangspunkt wieder zu erreichen.

Von der genannten Wegkreuzung verläuft nach N auch ein schöner und abwechslungsreicher Wanderweg nach Unter- und Oberabtsteinach, ein großes Stück auf der Oberkante der Steilstufe zwischen den beiden Kristallin-Niveaus entlang, nur sind die meisten Wege im Kristallinen Odenwald nur bei einigermaßen trockener Witterung empfehlenswert, sonst oft schmierig.

Anschlußmöglichkeit: Exkursion 6, die am Parkplatz Hirtenstein beginnt.

BUNTSANDSTEINSTUFE IM ODENWALD

Ober dem wasserundurchlässigen Grundgebirge und dem meist wenig durchlässigen und weichen su folgt das mächtige und meist sehr harte (verkieselte usw.) Sandsteinpaket des sm, in dessen Klüften das Wasser bis zu den darunterliegenden, wasserstauenden Schichten etc. durchkann. An der Untergrenze vor allem des sm treten deshalb viele Quellen aus und der Boden ist entsprechend durchfeuchtet. Teils durch Quellerosion oder Abspülung durch Starkregen, teils durch Bodenfließen mit oder auch ohne Frost wird ein Teil des den sm unterlagernden Materials weggeführt und die darüberliegenden, z.B. durch Frostsprengung oder Wurzeldruck gelockerten Felsbänke verlieren ihren Halt und rutschen stückweise ab, wodurch der Hang immer wieder von unten her versteilt wird (oder zumindest in den Kaltzeiten wurde).

Aber auch der meist steilere und nur wenig auf Grund geringer Gesteinsfestigkeits-Unterschiede untergliederte Hang im sm unterliegt der Abtragung. Absandung, Abspülung und Solifluktion (Bodenfließen, s.o.) verlegen ihn langsam zurück. Unter völliger Vegetationsbedeckung geht das sehr langsam vor sich, während der Kaltzeiten aber waren diese Hänge wohl weitgehend vegetationsfrei; dann ging es schneller. (Ähnlich geschieht es heute auf Kahlschlägen.) So oder ähnlich entstand die heutige Form der Schichtstufe des Buntsandsteins.

In noch älteren Zeiten (im Alt- und Mittel-Tertiär war es zum großen Teil zumindest wärmer, teilweise wohl auch feuchter als heute, entsprechend leichter funktionierte die chemische Verwitterung, und außerdem standen Millionen von Jahren zur Verfügung) gesellte sich noch eine stärkere Auflösung der die Sandkörner fest zusammenklebenden Bindemittel hinzu, sodaß auch die Hochflächen allmählich tiefergeschaltet (verlegt) wurden. Selbstverständlich wirkten sich ähnliche Vorgänge auch auf die Stufe aus.

Nun hing es natürlich von den jeweiligen lokalen Gegebenheiten (von der Gesteinsstruktur und Tektonik bis zum Mikroklima usw.) ab, was im Einzelfall mit der Stufe geschah. Es gibt deshalb sehr verschieden gestaltete Abschnitte der Buntsandsteinstufe im Odenwald, von S nach N:

1. Zwischen Handschuhsheim und dem Jägerhaus östlich vom Ölberg bei Schriesheim handelt es sich um die zurückgewitterte bis zurückverlegte Bruchstufe zum Oberrheingraben. Davor liegt die nach N immer breiter werdende Denudationsterrasse über den Porphyren (s.Exk.2). Die Höhe der Schichtstufe schwankt zwischen etwa 17o m im S bis 6o-7o m im N.

2. Vom Jägerhaus=Jägerhütte bis Wilhelmsfeld bestehen die Talhänge zum Kanzelbachtal aus Granit bis Buntsandstein, eine echte Schichtstufe ist nur oberhalb des Wendenkopf-Porphyrriedels ausgebildet (etwa 1oo m hoch; zu 2.-5. s.Exk.5).

3. Vom Schriesheimer Hof in Wilhelmsfeld bis zum Kohlhof östlich Altenbach gehen die Talhänge, nur etwas verschieden in der Steilheit, vom Granit bis in den Buntsandstein durch. Vorgelagerte Riedel bestehen aus verschiedenstem Material, vor allem aus dem hier mächtig entwickelten Rotliegenden.

4. Erst mit dem weitgehenden Verschwinden des Rotliegenden ab dem Kohlhof kann sich vor der Sandsteinstufe wieder eine Granitdenudationsterrasse = Basislandterrasse des Schichtstufenlandes ausbilden. Von hier an nach N sind solche Verflachungen vor der Stufe weit verbreitet.
Die zunächst recht flachen N-Hänge der vom übrigen Sandsteingebiet bereits fast abgetrennten Höhen nördlich von Wilhelmsfeld werden nach E zu, gegen Heiligkreuzsteinach, immer steiler und höher, entsprechend der dort stärkeren Ausräumung (auch im nochmals auftretenden Rotliegenden) durch die Steinach. Die Höhe der Stufe nimmt dabei von knapp 7o m am Röschberg auf etwa 11o m südwestlich Heiligkreuzsteinach zu.

5. Nördlich Heiligkreuzsteinach beginnt der Zeugenbergzug vom Geisberg über die Stiefelhöhe zum Hardberg bei Siedelsbrunn. Die Stufe ist hier, zumindest im S-Teil, bereits in einzelne Höhen aufgelöst, ihr Verlauf im Ganzen aber deutlich. Die Höhe der Stufe nimmt von 12o m im S auf knapp 45 m am Hardberg ab (vergl.Exk.5,S.52-54).

6. Bei Siedelsbrunn wird die Buntsandsteinstufe auf über 1 km unterbrochen, da hier der Eiterbach von hinten her gerade noch bis auf das Grundgebirge durchgreift.

7. Östlich Siedelsbrunn folgt zunächst ein fast isolierter Zeugenberg, der Kottenberg (mit 55 m relativer Höhe), und gleich nach ESE anschließend wieder eine geschlossene Stufe mit schnell zunehmender Höhe (11o-2oo m). Nur, eine echte Schichstufe ist das nicht, eher eine Denudationsstufe an einem in die Stufe hineinführenden Taltrichter (aber darüber kann man streiten).

8. Es folgt nach N die von den bisher beschriebenen Abschnitten bestausgebildete und geschlossenste Stufe zwischen Waldmichelbach-Neustadt und Wahlen, parallel zum Ulfenbach. Höhe 1oo-15o m.

Vor ihr liegen, bei Hartenrod auf der Trommostabdachung, kleinere Buntsandsteinschollen, die nur nach E, also zur obengenannten Stufenregion zu, kleinere Schichtstufen ausgebildet haben, bis 7o m hoch. Ihre Rückenflächen gehen, über eine Granit und Sandstein trennende Verwerfung hinweg, fast unmerklich in die Kristallin-Flächen der Tromm über.

9. Um Wahlen verschmelzen sehr flache Talzüge aus dem Buntsandsteingebiet von Grasellenbach heraus mit den Formen der Basislandterrasse.

1o. Von Wahlen bis etwa zwischen Hammelbach und Weschnitz-Ort folgt die Stufe einer Bruchlinie, an der teilweise Grundgebirge gegen Buntsandstein gestellt wurde. Die Höhe der Stufe schwankt zwischen 8o und 12o m. Für kleinere sm-Reste westlich der Verwerfung gilt Ähnliches wie für die unter 8. erwähnten.

11. Etwa 1 km südlich Weschnitz-Ort wird die Buntsandsteinstufe wieder eine echte Schichtstufe, unabhängig von Verwerfungen. Zunächst wird sie allerdings noch zweimal stark erniedrigt, weil hier die Stufe bei ihrer Rückverlegung die Quellgebiete des Marbaches (Mümling-Zufluß) unterschnitten hat, übrigens der einzige derartige Fall an der Stufe im Odenwald.
Die Stufenhöhe dieses Abschnittes beträgt 4o-12o m, je nach der noch erhaltenen Mächtigkeit des Buntsandsteins an der Vorderkante.

12. Bis zum Morsberg folgt dann das schönste und vielleicht einzig wirklich echte Stück Schichtstufe (im klassischen Sinn) mit 8o-13o m Höhe. Nur hier führt nämlich die Entwässerung weiter von der Stufe weg und nicht diese entlang oder gar in sie hinein.
Nördlich der "Spreng" (= Einsattelung ENE vom Morsberg) liegt auf der Hochfläche des kristallinen Böllsteiner Odenwaldes der zweibuckelige, niedrige sm-Zeuge Heidelberg mit einer relativen Höhe von etwa 5o m.
Im Bereich des Böllsteiner Odenwaldes setzt die Stufe dann auf 12 km Luftlinie aus. Auf den Rest ganz im N soll hier nicht eingegangen werden.

Exkursion 6:   (mit Pkw und zu Fuß kombiniert)
Hirtenstein - Siedelsbrunn - Tromm - Wahlen - Böllstein.
(Buntsandsteinstufe und Kristalliner Odenwald, s.die entspr.Übersichten)

Exkursionsroute: Hirtenstein = Endpunkt der Exk.5, erreichbar über Schriesheim
- Altenbach - Kohlhof, oder über Ziegelhausen-Mitte - Wilhelmsfeld - Kohlhof.
Vom Hirtenstein Fahrt nach E hinunter in Richtung Heubach. Sobald der Wald rechts
endet (und genau gegenüber) gibt es links einen Waldwegeingang mit Parkmöglichkeit für einen Pkw (der Weg führt weiter in die Felder und sollte deshalb nicht
1 zugestellt werden). Zu Fuß ein Stück in die Felder und zurück. Weiter bis an den
  Ortsausgang von Vorder-Heubach (kurzer Halt) und bis fast nur Talstraße, rechts
2 wenig vorher wieder kurzer Halt. Die Steinachtal-Straße links hinauf bis Unter-
  Abtsteinach und dort links ab in Richtung Weinheim bis zur höchsten Stelle der
3 Straße, dort vor der Bus-Haltestelle links am Beginn eines Feldweges kleine Parkmöglichkeit (hier endet der Weg vom Eichelberg die Kristallin-Stufe entlang, ver-
  gl.S.58) und etwa 1oo m links oder rechts der Straße in die Feldwege gehen; man
  kann aber vom Haltepunkt aus auch fast alles übersehen. Zurück nach Unter-Abtsteinach und links nach Ober-Abtsteinach, dort rechts ab in Richtung Siedelsbrunn bis zum großen Parkplatz rechts hinter dem Sportplatz. Von dessen unterem
  Ende zu Fuß etwa 2o m zurück und rechts hinter eine schmale Waldkulisse zu einer
4 Ruhebank. Kurze Weiterfahrt zum Parkplatz links der Straße gegenüber vom Hotel
5 Maienhof vor Siedelsbrunn (Halt) und schließlich durch den Ort durch und direkt
  hinter dem Morgenstern-Gasthof rechts hinein zum Ende von dessen Parkplatz und
6 einige Meter zu Fuß weiter.
  Fahrt hinunter zur Einsattelung an der "Kreidacher Höhe", rechts hinunter nach
  und durch Waldmichelbach bis zur Shell-Tankstelle links der Straße und direkt
  dahinter links ab in Richtung Reichelsheim, und zwar bis zum Ortsende und Fried-
7 hofs-Parkplatz von Affolterbach rechts der Straße. Von dort wieder ein Stück zurück und vor der Kirche rechts ab über Kocherbach zur Tromm, wo es verschiedene
  Parkplätze gibt, auch rechts im Wald. Vom Straßenende aus links zu Fuß durch den
8 Ort, hinter dem "Trommer Hof" rechts und wieder links bis zur Bank auf halbem
  Wege bis zum Wald (Halt), dann weiter zum Irenenturm und direkt links daran vor-
9 bei die Felsklippen entlang bis zum Waldrand (Halt) und auf einen erst frisch
  bepflanzten Felsbuckel mit noch freier Sicht für einige Jahre; ersatzweise auf
  den Irenen-Turm, der aber nicht immer geöffnet ist und dessen Schlüssel sonst im
  Ort erhältlich war, was aber immer erst am Turm stand.

10 Von der Tromm zurück in's Ulfenbachtal, diesmal über Ober-Scharbach, dann links durch Litzelbach und wieder rechts nach Wahlen. Dort links ab in Richtung Reichelsheim. Etwa 1 km weiter links der Straße (und gegenüber vom be-
11 waldeten Haidenbühl rechts davon) Bushaltestellen-ähnlicher Parkplatz (Halt). Dann durch Gras-Ellenbach und in den Wald zur 2.schmalen Parkmöglichkeit
12 rechts der Straße mit Sitzgruppe (Halt). Fahrt zur Wegscheide und dort links ab in Richtung Fürth. Sobald die ersten Häuser rechts der Straße sichtbar werden in eine breite Forstweg-Abzweigung links. Zu Fuß diese Forststraße bis
13 oberhalb der Schranke, zuletzt bis zum oberen Rand des großen Kahlschlages. Weiterfahrt bis Weschnitz und dort rechts ab die schmale Straße in Richtung Reichelsheim bis zur Einmündung in die breite Straße im Gersprenztal östlich Reichelsheim, dort aber nach rechts dem Hinweis auf Michelstadt nach, auch kurz hinter dem Hauptteil von Beerfurth (dort wieder rechts hinauf). Unterwegs
14 dann am rechten Straßenrand an der zweiten schmalen Parkmöglichkeit (mit Sitzgruppe) Halt. Weiter hinauf und durch den Wald bis kurz hinter das 1.Hinweis-
15 schild, Halt am Straßenrand gegenüber der Sitzgruppe links. Dann bis zur 2.Abzweigung nach links und hinter dem Heidelberg entlang gegen Böllstein zu bis
16 zum Gittermast und dem Umsetzer beiderseits der Straße, im Feldweg links bessere Parkmöglichkeit. Schließlich bis kurz vor Böllstein und dort rechts ab in
17 Richtung Kirch-Brombach bis zum Anfang des 2.Feldweges rechts, vor der Bauhütte mit den Schaltkästen dahinter Halt. Von Böllstein aus sind in alle Richtungen aussichtsreiche Wanderwege nutzbar, die hier aber nicht mehr behandelt werden können.   Fahrtstrecke Heidelberg - Böllstein etwa 8o km.

Wer nach Heidelberg zurückfahren will, der kehrt am besten zur Spreng zurück, und biegt wenig südlich davon in's Tal von Ober-Mossau (östlich vom Morsberg). Die nächste große Querstraße ("Siegfriedstraße") kurz nach rechts, dann wieder links ab über Güttersbach, nochmals links nach Beerfelden (vorher an dessen erhaltenem Galgen vorbei), dort rechts hinauf durch den Ort in Richtung Hirschhorn, auf der Höhe schräg links die Höhenstraße über Rothenberg entlang nach Hirschhorn und den Neckar entlang nach Heidelberg.

Von Böllstein aus kann man aber auch über Michelstadt und Erbach Beerfelden erreichen (alle drei Orte sehenswert), in Richtung Maintal und Spessart weiterfahren, ebenso durch die nördlichsten Teile des Kristallinen Odenwaldes nach Darmstadt oder über den Südteil der Gersprenzsenke und Lindenfels nach Heppenheim oder über Fürth und Weinheim zurück nach Heidelberg fahren, um nur die wichtigsten möglichen Routen zu erwähnen.

Vom Waldweg-Halt (43o m MH) unterhalb vom Hirtenstein und noch vor Vorder-Heubach quert man ein schmales Waldstück mit zwei alten Wegrinnen parallel zur Straße. Die anschließenden Felder (auf allen Karten großenteils noch als Wald verzeichnet) zeigen den typischen, stark sandigen Braunen Waldboden der su-Gebiete unterhalb der sm-Schichtstufe.

1 Etwa 5o m weiter ergibt sich ein schöner 3/4-Rundblick; von links die vorhin durchquerte Waldkante und darüber die Schichstufe des Hauptbuntsandsteins (sm) oberhalb vom Hirtenstein, rund 7o m hoch; anschließend die "Basislandterrasse" in Granit, Rotliegendem und Unterem Buntsandstein (su), in Richtung Vorder-Heubach einfallend und bis um Heiligkreuzsteinach erkennbar, im Bereich der Neubausiedlung dort wohl sogar weitgehend unveränderte Teile der "Permischen Abtragungsfläche" umfassend. Im N, gegen Bärsbach, ist sie stark zerschnitten durch den Bach von Lampenhain und seine Zuflüsse. Ober dem Steinachtal im NE besonders klar erkennbar folgen die hier wohl überwiegend noch jungtertiären Abschnitte der Basislandterrasse und darüber die sm-Zeugenberge vom Hardberg an nach S. Hier ist der Winkel zwischen permischer Landoberfläche und Basislandterrasse besonders groß (STRIGEL, ZIENERT). Hinter Heiligkreuzsteinach einige sm-Rücken östlich vom Eiterbachtal, das in seinen oberen Teilen aber noch bis in's Kristallin eingeschnitten ist und in Siedelsbrunn beiderseits vom Kottenberg (s.u.) beginnt, also auf den dort befindlichen Teilen der Basislandterrasse.

Wo nur Granit ansteht und im sm ist das Gebiet weitgehend bewaldet, bei Auflagerung von Rotliegendem, su und Fließerden (eventuell mit etwas Löß) auf dem Kristallin gibt es Felder, wie um den Standort selbst und gegen Lampenhain.

Von der Straße direkt gegenüber vom selben Halteplatz sieht man den Rest des Panoramas, vor allem die starke Zerschneidung im Rotliegenden und im su um Hinter-Heubach mit ihren weichen Formen (Felder) und darüber die sm-Berge (bewaldet).

Während der Weiterfahrt über Vorder-Heubach hat man mehrmals einen schönen Blick in das tief in den Granit eingeschnittene, obere Steinachtal, in dem auch die Straße hinaufführt, die wir gleich anschließend benutzen. Dann wird links der Platz der ehemaligen Burg Waldeck (317 m MH) erkennbar, auf einem Granitsporn zwischen Steinach und (Vorder-)Heubach-Tal gelegen.

2 Vom Parkplatz fast unten im Tal steigen wir den schmalen Weg zurück in Richtung Burg Waldeck nur ein Stück hinauf (von der Burg sind nur kümmerliche Re-

ste erhalten), um die großen Granitblöcke im Hangschutt zu betrachten, die wohl von einer etwas härteren Rippe am SE-Sporn des Buckels stammen. Ansonsten möchte ich für alle Klein- und Mittelformen auf den Führer von GRAUL verweisen; hier können sie nur gelegentlich mit beachtet werden.

Das Steinachtal weist eine noch weitgehend intakte, aber sehr unterschiedlich breit entwickelte Wiesen-Aue auf. Überall sind noch Bewässerungskanäle erkennbar, wenn auch meist nicht mehr in Funktion, daneben aber auch z.T. erst frisch ausgehobene Entwässerungskanälchen.

Nach N zu läuft das Steinachtal dann fast auf die Basislandterrasse aus. Seine noch tiefen und engeren Abschnitte gehören zu Baden-Württemberg, die Felder auf den Höhen kennzeichnen den Beginn Hessens.

3 Vom höchsten Punkt der Straße nach Weinheim blicken wir erst einmal zurück auf Unter-Abtsteinach, auf das wir später noch zurückkommen müssen. Es liegt im schon recht flachen oberen Steinachtal; beiderseits davon erheben sich zur Basislandterrasse gehörige Riedel aus Granit (links verdeckt auch Diorit), die weitgehend von Feldern eingenommen werden. Besonders die östliche Talseite ist durch kleine Nebentälchen etwas stärker zerschnitten, weil dort Oberfall-Quellen aus dem Buntsandsteingebiet hinzukommen, auch wenn dieser hier stark nach hinten einfällt und vom Eiterbach dahinter völlig durchschnitten wird. Die Wiesen in diesen Nebentälchen sind besonders sauer. Sie werden auf beiden Seiten durch hohe Acker-Raine an der Unterkante der Felder begrenzt (besonders gut erkennbar auf der Weiterfahrt am Ortsende von Unter-Abtsteinach).

Wir selbst stehen auf der höchsten Stelle einer starken Einbuchtung der westlich folgenden Kristallin-Steilstufe hinunter zum Oberflockenbacher Verflachungsgebiet (s.Exk.5,S.58). Die Straße überwindet diese Stufe in vielen Kurven. Will man diese W-Seite besser einsehen, so geht man am besten einige Meter die Straße entlang nach W und dann rechts in einen Feldweg. Von dort kann man große Teile des bei Weinheim ausmündenden Gorxheimer Tales übersehen und bei guter Sicht bis in die Oberrheinebene schauen. Die Kristallinstufe ist besonders nach S ein Stück weit deutlich erkennbar, doch stehen wir für einen weiteren Überblick noch zu weit "hinten" in ihr. Etwa 1 km weiter im W wäre dieser besser möglich, z.B. vom nach rechts ziehenden Hang aus (oder z.B. von Buchklingen an der Straße Oberabtsteinach - Weinheim-Gorxheim).

Bei der Fahrt durch Unterabtsteinach kommen wir gleich an der ersten Engstelle der Straße an einem großen, alten Hof vorbei. Bald dahinter folgt ein Höfe-Paar; links der Straße der kleinere, wohl durch Erbteilung entstandene, früher mit Mühle; wie auch sonst üblich rechts der Straße der große, alte Hof. Die Hufengrenzen sind trotz moderner Bebauung entlang der Straße, der auch ein Teil der für den Odenwald typischen, alten "Wohn-Stall-Häuser" (unten Stall, aus Stein gemauert und mit Treppe davor, oben der Wohnteil in Fachwerk ausgeführt) zum Opfer gefallen ist, in der Flur noch klar erkennbar, besonders westlich = links der Straße. Wir haben es folglich mit einem alten Waldhufendorf zu tun, das allerdings nur wenige Hufen aufwies (s.besonders NITZ).

Ober-Abtsteinach und seine Flur liegen auf den fast waagrecht entwickelten, höchsten Teilen der Basislandterrasse westlich vom Hardberg (593 m MH, mit Sendemast) im Wasserscheidenbereich von Steinach (Neckar), Flockenbach und Weschnitz (Oberrheinebene).

4 Von der Ruhebank hinter dem Waldstreifen gegenüber vom Sportplatz Oberabtsteinach können wir erstmals in die breite, völlig im Kristallin gelegene Weschnitz-Senke usw. und auf die Tromm-W-Bruchstufe und einen Teil der E-Abdachung der Tromm blicken. Nur von hier aus läßt sich die Tromm-Bruchstufe so gut einsehen (fast in Längsrichtung), während wir ihre Ostabdachung von den nächsten Haltepunkten aus noch öfter besichtigen können. Den Hintergrund links der Bruchstufe bildet die Neunkirchener Höhe (s.Exk.7), rechts davon ist noch die sm-Stufe erkennbar. Im Vordergrund befinden sich links und rechts die höchstgelegenen Teile der Basislandterrasse zwischen Oberabtsteinach und Siedelsbrunn, die nach N teilweise recht abrupt abbrechen.
Von der Straße auf dem Rückweg ist nochmals ein Rückblick auf Oberabtsteinach möglich.

5 Vom nächsten Haltepunkt, dem übernächsten Parkplatz links der Straße, können wir die starke Zerschneidung der Hochflächen vor der sm-Stufe = Hardberg von NW her gut übersehen, außerdem diesen selbst hinter uns erkennen.
Leider ist die nach W = Birkenau ziehende und in dieser Richtung immer höher werdende Steilstufe an der N-Grenze des von CREDNER "Südliches Bergland" genannten Teiles vom Kristallinen Odenwald noch nicht einsehbar (vergl.dazu ZIENERT 1957). Immerhin ist eine bewaldete Steilkante im NW hinter den Feldern bereits erkennbar und dahinter das stark zerriedelte SE-Eck der Weschnitz-Senke, ihr am stärksten zerschnittener Teil. Wahrscheinlich wurde diese Ecke mit hochgeschleppt bei der Heraushebung der Tromm und des Südlichen Berglandes und wegen ihrer relativen Steilheit auch stärker zerschnitten. Den Hintergrund bilden wieder Knodener und Neunkirchener Höhe (s.Exk.7).

Während der Weiterfahrt wird, noch vor dem Ortsschild Siedelsbrunn im NW, ganz im Hintergrund auch der ziemlich kegelförmige Gipfel des Malchen = Melibocus erkennbar, der von Heidelberg aus als letzter an der Bergstraße sichtbar ist.

6 Vom Haltepunkt rechts vom Ortsende von Siedelsbrunn sehen wir von links das Ende der Basislandterrasse und ihre starke Zerschneidung von N, den oberen Teil der Tromm-Bruchstufe und die ganze Tromm-Ostabdachung bis zum Talzug Wahlen - Waldmichelbach und die schöne sm-Schichtstufe dahinter, die wir später entlangfahren werden, ganz rechts wieder das Ende der Basislandterrasse mit dem durch die Eiterbach-Quelltäler isolierten sm-Zeugen Kottenberg (55o m) und hinter uns gerade noch am Sendemast erkennbar den Hardberg (593 m), den höchsten sm-Berg des Odenwaldes (höchster im Odenwald Katzenbuckel-Basalt 626 m, höchster im Kristallin Neunkirchener Höhe 6o4 m, dritter Hardberg 593 m).

Kurz vor der Kreidacher Höhe ergibt sich ein schöner Blick in die Weschnitz-Senke, in die von hier aus zwei Straßen hinunterführen; die obere davon, also die gerade Fortsetzung unserer, bietet abwechslungsreiche Ausblicke. Man kann auch von hier aus den Wanderweg zur Tromm benutzen. Wir biegen aber nach rechts ab.

An der Bushaltestelle kurz hinter der Abbiegung (etwa 425 m) sehen wir vor allem Teile von Waldmichelbach und die sm-Stufe NE davon, mit einigen "Restbergen" auf den Hochflächen (s.S.52).

Kurz hinter Aschbach erreichen wir bereits die sehr breite Talung vom Ulfenbach die sm-Stufe entlang, die rechts von uns liegt. Links der Straße sind immer wieder kleinere sm-Reste in die Ostabdachung der Tromm eingelassen, die nur nach E zum Ulfenbach zu eine niedrige Schichtstufe erkennen lassen, während die Abdachungsfläche vom W her meist in ihre Deckflächen übergeht.

7 Vom N-Ende von Affolterbach aus erkennt man in SSW Kottenberg und Hardberg (mit Sendemast) bei Siedelsbrunn, nach rechts die rückwärtigen Stufen der sm-Schollen der Tromm-Ostabdachung und die Bruchlinien-sm-Stufe östlich vom Hammelbach. Im gleichnamigen Ort liegt die Wasserscheide zwischen Ulfenbach und oberster Weschnitz, die zunächst nach N fließt, dort das N-Ende des Tromm-Rückens antezedent abtrennen konnte und dadurch ihren Weg über Fürth nach Weinheim im SW finden konnte. Es folgt das breite oberste Stück Ulfenbachtal um Wahlen, wo wir es nach dem Abstecher zur Tromm wieder erreichen werden, und schließlich die über einem flachen Anstieg folgende sm-Schichtstufe an der Ostseite vom Ulfenbachtal.

Tromm: Direkt am Ende der Straße (545 m MH) hat man bereits eine gute Aussicht in Richtung NE über die Sandsteinhöhen auf der wichtigsten Wasserscheide des Odenwaldes (nicht Main/Neckar, sondern westlicher und mittlerer Streifen des Odenwaldes) und bis auf den östlichen Streifen jenseits des "Mümling-Grabens", in dem mitten im Buntsandstein-Odenwald sogar noch Muschelkalk erhalten ist (vergl.geol.Karte 1:100.000 von KLEMM, und ZIENERT 1957).
Unterwegs, am Trommer Hof, hat man bereits eine gute Aussicht zunächst auf Siedelsbrunn und den Hardberg.

8 Dann von der Ruhebank auf halbem Weg zum Wald folgt eine sehr schöne Übersicht über große Teile des Buntsandstein-Odenwaldes, von links die Stufe fast ab dem Morsberg bis ganz rechts zum Hardberg (durch eine Baumreihe gerade noch zu erkennen). Gut erkennbar ist der etwas gewellte Verlauf der sm-Hochflächen über der Stufe und ganz hinten die sm-Bruchlinienstufe östlich der Mümling und, nach einer Unterbrechung durch einen etwas höheren Teil der sm-Hochflächen, der Katzenbuckel und die Winterhauch-Fläche bis zum Ostteil des "Kleinen Odenwaldes" südlich vom Neckar bei Eberbach.
Im Vordergrund ist die zur Basislandterrasse gehörige Tromm-Abdachungsfläche gut erkennbar und dahinter die in Kristallin und su gelegenen Felder vor der sm-Schichtstufe östlich vom Ulfenbachtal.
Wenige Meter hinter der Bank liegt bereits ein Stück der hier stark eingebuchteten Steilstufe der Tromm gegen W = Tromm-Bruchstufe, also der hochgekippten Kante der ganzen Pultscholle.

9 An der Felsgruppe direkt am Waldrand hinter dem Irenen-Turm hat man sehr gute Sicht nach S (Königstuhl und Weißer Stein bei Heidelberg) und NW (etwa Raum Heppenheim), besonders aber auf die bisher nicht recht einsehbar gewesene N-Bruchstufe des "Südlichen Berglandes" vom Raum Oberabtsteinach bis zum Wachenberg bei Weinheim, und darüber noch auf die westlichen Randhöhen des Gebietes um Oberflockenbach (Hohe Waid bei Schriesheim etc.). Bei guter Sicht werden ganz hinten noch Teile der Pfälzer Berge sichtbar.
Auf dem kurzen Weiterweg bis zur Felskuppe weiter vorn werden immer weiter nach links auch der Hardberg und Siedelsbrunn wieder sichtbar.
Die Granitfelsen weisen hier besonders große Feldspäte auf, teilweise auch Feldspat-Gänge. Das gilt für alle vom Turm an.
Vom vordersten Granit-Buckel sehen wir vor uns zunächst die z.T. schon wieder stark zerschnittene Bruchstufe an der W-Seite der Tromm, dann das breite Band der Felder und Ortschaften in der Weschnitz-Senke, dahinter die Randhöhen des

"Bergsträßer Kristallinen Odenwaldes" ab nördlich von Weinheim, über das allmählich hinter der Senke aufsteigende Gebiet um die Juhühe, bis zur Kirschhausener Senke (Heppenheim - Fürth) vor der südöstlichen Randstufe der nachweisbar früher aufgestiegenen "Nordscholle" des Kristallinen Odenwaldes (ZIENERT, Datierung nach Spaltspuren-Altern durch WAGNER). Rechts von der Juhöhe ist gerade noch auch die Starkenburg bei Heppenheim erkennbar. Den Abschluß in der rechten Hälfte des Hintergrundes bildet schließlich der Höhenzug Lindenstein - Knodener Höhe (560 m) - Neunkirchener Höhe (604 m), an deren Ostseite besonders schön die tieferen Verebnungen dort erkennbar sind an den Feldern um das Waldhufendorf Winterkasten (s.Exk.7). Entsprechende Verebnungen sind auch vor der Knodener Höhe und zwischen dieser und der Neunkirchener Höhe erkennbar (ZIENERT 1957).

In der linken "Bild-Hälfte" ist bei schönem Wetter noch die Oberrheinebene und der Mittel- und N-Teil der Pfälzer Berge erkennbar, also der jenseitige Rand des Oberrheingrabens, etwa in der Mitte davon der brotlaibartig ausschauende Donnersberg. Wenn man besonderes Glück hat reicht die Sicht noch bis zum westlichen Hunsrück.

Im rechten Teil und bis zum Irenen-Turm ist die Vorderkante der Tromm-Hochfläche und deren Ebenheit deutlich erkennbar.

10 An der Untergrenze des Waldes noch vor Ober-Scharbach unterbrechen wir die Fahrt noch kurz auf dem Parkplatz links der Straße. Wir stehen jetzt etwas unterhalb der Fläche der Tromm-Ostabdachung und sehen deshalb besonders deutlich, wie zerschnitten sie sein kann, auch wenn sie z.B. von Siedelsbrunn aus recht glatt aussieht. Über die Felder NE vom Ort sehen wir die bewaldete Bruchlinien-sm-Stufe östlich vom Hammelbach; allerdings ist das Gebiet tektonisch mehrfach gestört und ein Teil der Felder vor der Stufe liegt bereits in sm, während ihre vorderen Abschnitte noch aus Kristallin-Untergrund gebildet werden. Hinter Litzelbach, auf der Höhe, können wir die Gesteinsgrenze an den Formen nicht erkennen. Während der Fahrt ist selbst der Unterschied in den Böden kaum zu bemerken.

Die Straße nach Wahlen führt dann am Unterhang der Bruchlinienstufe im sm entlang. Unterwegs haben wir öfters einen schönen Blick zunächst auf Teile der Tromm-Ostabdachung und später auf die sm-Stufe östlich Wahlen im Ulfenbachtal. Dann fahren wir in die obersten Teile des Ulfenbach-Gebietes hinein, die wieder völlig im Buntsandstein liegen, der allerdings noch tektonisch meist abseits der Täler gestört ist, sodaß gelegentlich su zu Tage tritt.

11 Kurz hinter Wahlen gibt es letztmals ein Stück Ulfenbach-Aue neben der Straße, mit Drainage-Rinnen. In ähnlicher Lage findet man im Odenwald aber auch alte Rieselwiesen verschiedenster Konstruktion, darunter auch "dachförmig" angelegte.
Ab Grasellenbach wird das Ulfenbachtal immer flacher, schließlich streicht es in die Luft aus; es wird von N her durch Zuflüsse der Marbach-Mümling unterschnitten. Ab dem Monnheim-Möbelwerk ist rechts der Straße der viel steilere Hang dorthin gut zu erkennen.

12 An der Sitzgruppe sehen wir zunächst von links den S-Teil des Stufenabschnittes Morsberg - Lärmfeuer (um 500 m MH), weiter nach rechts die Schmeerbach-Quellgebiete (Marbach-Zufluß), die ihrerseits von der Zurückwanderung der sm-Stufe östlich Weschnitz betroffen und von dorther unterschnitten wurden, was vom Standort aus aber noch nicht erkennbar ist (auch später durch die Bewaldung nur zu ahnen).

13 Links vom Weg durch den Kahlschlag in Richtung Walpurgis-Kapelle (diese in 460 m MH) sind frische Abrutsche im Hangschutt erkennbar.
Etwa 50 m hinter der Schranke (etwa in 420 m MH) am selben Weg folgt eine herrliche Aussicht. Ganz links ist der enge und bewaldete, wohl antezedente Durchbruch der Weschnitz durch den N-Teil des Tromm-Rückens erkennbar, weit dahinter der Höhenrücken Lindenstein - Knodener Höhe (letztere mit Sendemast), also die südlichen Randhöhen der "Nordscholle". In den linken 2/5 des Panoramas folgen die oben bewaldeten, sonst von Feldern eingenommenen nördlichen Ausläufer der Tromm, dahinter erkennbar die Neunkirchener Höhe ab Winterkasten und ihre ganz allmählich abfallende NE-Verlängerung bis gegen Brensbach. In der Verlängerung des Tromm-Rückens jenseits der Gersprenz liegt Schloß Reichenberg (311 m) bei Reichelsheim. Vor diesem Schloß und bis auf den Beschauer zu ist eine deutlich abgesetzte, tiefere Verflachung erkennbar; zwischen dieser und den Tromm-Ausläufern wurde schon von den alten Geologen morphologisch eine Verwerfung kartiert (da sie in einheitlichem Gestein liegt sonst leider nicht nachweisbar). Etwas rechts von der Mitte des Panoramas führt das mittlere Gersprenztal von uns weg nach N, dahinter und nach rechts liegt der noch kristalline "Böllsteiner Odenwald" (mit dem Basalthärtling Otzberg = 368 m MH darüber, Ausbruch datiert auf 21-22 Mill.BP), dessen Verflachungen bis unter die sm-Schichtstufe Morsberg-Lärmfeuer und bis zum Fuß der Stufe unseres Standortes durchziehen (vergl.Karte 4 im Anhang). Dies ist allerdings besser vom oberen Rand unseres Kahlschlages aus zu erkennen, von dort ist aber der Weschnitz-Durchbruch be-

reits verdeckt. Die Basislandterrasse unterhalb unserer sm-Stufe und die von
hier aus sichtbaren Teile der Böllsteiner Hochfläche fallen leicht nach W ein.
Es folgt die aussichtsreiche Fahrt, zunächst mit Blick in den Weschnitz-Durchbruch, zum und durch den Ort Weschnitz, vorbei an etlichen großen Höfen in
Einödflur hinter dem Ortskern.

14 Die Straße hinauf zur Spreng ist großenteils noch mit herrlichen alten Eichen
auf der Talseite erhalten. Von der Sitzgruppe unterwegs wird ein Blick zurück
auf Pfaffen-Beerfurth möglich und dahinter das Schloß Reichenberg und schräg
darüber auf die Neunkirchener Höhe (mit Aussichtsturm und südlichster Radar-
Anlage für den Flughafen Frankfurt). Deren S-Teil ist in einzelne Höhen aufgelöst, die Oberkante vom NE-Teil verläuft aber (außer einer kleinen, rechts
gerade noch erkennbaren Lücke) fast eben und senkt sich dabei nur ganz allmählich ab.

15 Sobald der Wald beginnt hat man die Basislandterrasse wieder erklettert, hinter dem Ende des Waldes gibt es dann wieder eine schöne Aussicht (aber leider
keinen Parkplatz, und einen weichen Straßenrand dazu). Von der Sitzgruppe aus
erkennt man von ganz links an zunächst die NE-Fortsetzung der Neunkirchener
Höhe bis zu deren Ende westlich Brensbach. Das Gersprenztal ist durch einige
Vorbuckel der Böllsteiner Höhe verdeckt, dafür sehen wir in eines der breiten
Täler seiner W-Seite hinein und erkennen an den höchsten Buckeln zwischen diesem und dem Gersprenztal und den Resten am Fuß des sm-Zeugen Heidelberg (rechts,
mit Sendemast, 443 m MH) und der anschließenden Einsattelung vor der nicht
sichtbaren "Spreng" bis auf der anderen Seite der Straße die Basislandterrasse,
überragt vom schon genannten Heidelberg und dem links hinter uns aufragenden,
vom Wald im Vordergrund fast verdeckten Morsberg (517 m MH) als Endpunkten
der Buntsandstein-Schichtstufe südlich vom Böllsteiner Odenwald.

16 Beim Gittermast vor Böllstein (um 4oo m MH) stehen wir auf einem der flachen
Buckel der Böllsteiner Hochfläche, die sich nach N bis zum Otzberg fortsetzt,
nach W blicken wir auf die Nordscholle und bis zum Roßberg östlich Darmstadt,
nach NE über die nördlichsten Teile des Buntsandstein-Odenwaldes bis zum
Spessart, und nach SE auf die sm-Berge östlich der Mümling-Senke bis zum Kräh-
berg bei Beerfelden. Im S erkennen wir den flachen, zweibuckeligen Heidelberg
und rechts dahinter den Morsberg.

17 Vom Galgenbuckel mit der Bauhütte an der Straße nach Kirch-Brombach sehen wir
von links die Hochfläche des Böllsteiner Odenwaldes und ihre östlichen Ausläu-

fer, dann die östlich anschließenden, tieferliegenden, flachen Rücken um Kirch-Brombach usw., die zum großen Teil aus Buntsandstein bestehen und trotzdem weithin Felder tragen, weil hier Löß erhalten blieb, und dahinter die Buntsandstein-Höhen vom Hochspessart bis östlich der Mümling-Senke, die im SE gerade noch mit ihrer Bruchlinienstufe dahinter erkennbar ist.

Warum setzt hier die Buntsandsteinstufe aus? Wahrscheinlich ist das eine Auswirkung der lokalen Tektonik (ZIENERT 1957). Das Grundwasser der Schollen östlich der Böllsteiner Höhen konnte überwiegend nach E zur Mümling abfließen. Sobald der Buntsandstein über dem Kristallin des Böllsteiner Odenwaldes erst einmal abgetragen war bestand folglich kein Anlaß zur Herausarbeitung einer Stufe östlich davon, noch dazu in den wesentlich weniger herausgehobenen sm-Schollen. Eine besondere tektonische Situation ließ also die Ausbildung einer Schichtstufe erst gar nicht zu. Viel weiter im N tritt sie dann sofort wieder auf, sobald das westliche Vorland der Buntsandsteinschollen niedriger liegt als diese selbst. Hier dagegen liegt es wesentlich höher.

Eine der schönsten Wanderungen im Odenwald kann ich hier nur empfehlen, sie würde zu weit über Heidelbergs Umkreis hinausführen. Vom Wanderparkplatz am Ortsende von Böllstein noch ein Stück die Straße entlang nach N biegt er dann nach rechts ab (durch die Felder und scheinbar hinunterführend, der direkte Weg nach N ist durch ein von W her eingeschnittenes Nebental der Gersprenz aber unterbrochen) "die Hohe Straße" der Karte 1:25.000 entlang und nur leicht auf und ab führend bietet er auf dem Wege über die Hassenrother Höhe und bis zum Otzberg eine schöne Aussicht nach der anderen, es sind allerdings insgesamt gut 10 km in einer Richtung.

KRISTALLINER ODENWALD

(S-Teil s.Exk.5,S.58, N-Teil Exk.7; geol.Obersichts-Karte S.57)

In den geologischen Strukturen des Kristallinen Odenwaldes herrschen zwei voneinander weitgehend unabhängige Richtungen vor.
Die verschiedenen Gesteinszonen weisen überwiegend die für "variskische" Gebirge bei uns typische, etwa SW-NE verlaufende Verbreitungsrichtung auf.
Im Winkel von etwa 4o° zu diesen Gesteinszonen gibt es als zweite eine überwiegend ab den frühen "mesoalpinen" Bewegungen, also vor allem ab dem Eocän wirksam gewordene tektonische Richtung, die "rheinische" (hier etwa N 1o°E). Sie äußerte sich in unserem Gebiet zunächst als flache Einsenkung, ab dem Oligocän, also dem Beginn der späteren mesoalpinen Bewegungen, die im größten Teil der Alpen als Hebungen wirksam wurden, überwiegend als Klüftung oder als Brüche (Verwerfungen) mit Absenkungen in der Ebene und differenzierter Heraushebung der späteren Gebirge. Sie bleibt in entsprechender Weise bis heute wirksam.
Zur selben Richtung gehört aber auch ein Teil der zumindest variskischen Strukturen des Böllsteiner Kristallinen Odenwaldes.
Zwischen beiden tritt als Diagonale die "Weschnitz-Richtung" (ZIENERT 1957) auf, die sich auch in den Wasserscheiden des Buntsandstein-Gebietes deutlich auswirkt.
Von der "rheinischen" Richtung abtrennen sollte man die etwa N 1o°W verlaufenden Teile des westlichen Gebirgsrandes. Möglicherweise handelt es sich bei dieser Richtung um die Auswirkung einer inzwischen abgedrehten Druckrichtung der Alpenfaltung, sie könnte aber auch uralt und nur wieder aufgelebt sein; vielleicht wirken beide Gründe zusammen.

Morphologisch, und damit auch lokalklimatisch bis landnutzungsmäßig, kann man im Kristallinen Odenwald mehrere Teilgebiete unterscheiden.
Vom "Südlichen Bergland" war schon mehrfach die Rede. Es endet im N etwa an der weder morphologisch, noch gesteins-bedingten, also wohl tektonischen Linie Weinheim -- etwa Kreidacher Höhe (vergl. ZIENERT 1957).
Nach N folgt ein breiter Streifen, der im W hoch liegt, dann bis zur Weschnitz abfällt und jenseits wieder ansteigt (wohl tektonisch unterschiedlich weit mitgeschleppt vom nächsten Streifen). Der Rest jenseits der Tromm-Bruchstufe liegt wiederum hoch und fällt nach E ein (s.Exk.6). Es handelt sich also um zwei hintereinander liegende Pultschollen-Teile. Der östliche davon wurde zuletzt wohl auch höher herausgehoben als der westliche.

Die variskisch streichende Linie Heppenheim -- südlich an Lindenfels vorbei -- etwa Reichelsheim trennt dann den Rest des Kristallin-Gebietes westlich der Gersprenz deutlich vom übrigen Gebiet ab. Da dieser N-Teil sich seit dem Oligocän ziemlich einheitlich verhalten hat, wurde er von mir "Nordscholle" genannt, von CREDNER aus anderen Gründen "Nördliches Bergland" (wohl auch als Gegenstück zum "Südlichen Bergland"). Tektonisch gehört zu ihr auch das Rotliegend-Gebiet um Messel ganz im N.
Östlich der Gersprenz liegt schließlich der Böllsteiner Kristalline Odenwald (s.Exk.6). Er nimmt so ziemlich in jeder Beziehung eine Sonderstellung ein.

Im gesamten Kristallinen Odenwald treten unterhalb der weit verbreiteten oberen Verflachungen noch bis um 150 m tiefer gelegene auf, vor allem im Südlichen Bergland und auf der Nordscholle. Sie fehlen weitgehend nur in der Weschnitz-Senke und an der Tromm. Die oberen Verflachungen schließen an die Verflachungen unterhalb der Buntsandstein-Schichtstufe an und werden von mir deshanb im allgemeinen nach SCHMITTHENNER als "Basislandterrasse" des Schichtstufenlandes bezeichnet. An einigen Stellen ist sicher, daß die einzelnen Teile nahe der Stufe recht verschieden alt sein können, wie das ja bei allen Flächen im Schichtstufenland so üblich ist. Weiter von der Stufe weg scheint es sich aber um altersmäßig recht einheitliche Formen zu handeln. Und daß sie nicht der permischen Abtragungsfläche entsprechen können hat schon STRIGEL nachgewiesen. Wo die unteren Verflachungen fehlen, könnte es sich vielleicht um diejenigen Gebiete handeln, die länger als andere nicht so stark herausgehoben worden waren und deshalb die Buntsandstein-Decke länger behielten.

In der Nordscholle (auf die übrigen Gebiete wurde schon an mehreren Stellen nach und nach eingegangen) gibt es einen rheinisch streichenden Streifen mit relativ kleinen Resten der oberen Verflachungsgruppe entlang dem Grabenrand vom Malchen-Gipfel (517 m) über den Frankenstein-Rücken bis SE von Darmstadt (dort um 250 m MH), und außerdem einen etwas breiteren parallel zur Südostbruchstufe der Nordscholle von der Knodener Höhe (max.576 m) über die Neunkirchener Höhe (604 m) nach NE, zuletzt N (dort bis um 230 m MH). Sonst kann man nur noch den isolierten Felsberg-Rücken und eine große Zahl anderer Härtlinge (x der Karte 4) dazuzählen, oft an alten Kontaktzonen entlang aufgereiht.
Wesentlich weiter verbreitet sind die Formen der unteren Gruppe, die im N des vom Felsberg nach N ziehenden Streifens nochmals unterteilt sind.
Der Höhenabstand zwischen beiden nimmt nach N allmählich ab und läuft dort aus.

Exkursion 7: (mit Pkw und zu Fuß kombiniert)
Heppenheim -- Auerbacher Schloß -- Felsberg -- Neunkirchener Höhe
(nördliche Bergstraße und nördlicher Kristalliner Odenwald)

Anfahrt über die B3 = Bergstraße oder die E4 = Autobahn Heidelberg - Darmstadt, auch von W über Lorsch möglich.

Exkursionsroute: In Heppenheim z.B. von der Autobahn aus bis zur Kreuzung mit der Bergstraße, dort links und gleich wieder rechts ab in Richtung Erbach. Etwa 1oo und 2oo m dahinter rechts zwei große, unbefestigte Parkplätze gegenüber einer Reihe alter Fachwerkhäuser. Zu Fuß zur nächsten Kreuzung, dann nach rechts in die Wormser Straße bis zu einem Durchgang links, oder zuerst in die "Kleine Bach" und dort gleich rechts durch schmale Gasse ohne Namensschild zur Marktstraße. In ihr werden die Fachwerke immer reicher in Richtung Markt. Am Großen Markt stehen u.a. Rathaus und Liebig-Apotheke (etwas abseits dahinter die Kirche). Wir biegen links in die Amtsgasse hinunter (Schild hinter Verkehrszeichen links) zum früheren Mainzer Amtshof, heute Winzerkeller, und besichtigen dessen Hof, und weiter entweder die schmale Gasse schräg links (Kleine Bach) entlang oder durch den Torbogen und dann links zum Parkplatz. Hinter dem Torbogen lief noch vor wenigen Jahren im "neuen" Stadtgraben der Mühlbach entlang.

1 Vom Parkplatz zu Fuß oder mit dem Wagen noch vor der östlich davon gelegenen Ampelkreuzung über den Kleinen Markt, der früher vor der Stadt lag, und ein kurzes Stück der alten Bergstraße entlang nach NE hinauf zur Starkenburg; Wan-
2,3 derparkplatz in der Einsattelung hinter der Burg, Rest zu Fuß.
Zurück zur B3 und rechts über Bensheim (Umgehung in Richtung Darmstadt) und Auerbach bis zum Hinweisschild "Melibokus - Auerbacher Schloß" hinter dessen Ortskern. Kaum 1oo m hinter diesem Schild liegt die schmale und leicht zu übersehende Abzweigung nach rechts (nicht nochmals beschriftet; noch vor den Parkmöglichkeiten an der B3). Diese, ab dem ersten Wanderparkplatz am unteren Waldrand Einbahnstraße, hoch bis zur Einsattelung mit Parkplatz, aber gleich nach rechts weiter in Richtung Auerbacher Schloß bis zur nächsten Y-Gabelung der Straße; dort links großer Parkplatz, auch rechts Parkmöglichkeiten.
4 Zu Fuß zum Auerbacher Schloß (z.Zt.geöffnet Dienstag bis Sonntag 1o-17 Uhr), auf dessen Schildmauer mit der großen Kiefer oder gleich auf den Turm (bei vielem Betrieb wird es oben etwas eng). Sollte der Zugang verschlossen sein, dann noch vor den letzten Parkmöglichkeiten und der Brücke dem Wegweiser nach zum "Schloßrundweg mit Aussichtsterrasse", dies aber nur als Ersatz.

Fahrt ins Tal von Hochstätten (hinunter Einbahnstraße, außer für Forstbetrieb), dort links bis vor Balkhausen und dann rechts dem Schild "Felsenmeer" nach bis zur Abzweigung rechts durch Wiesen und Wald hinauf auf den Felsberg; Wanderparkplatz hinter den Häusern rechts. Je nach Wetter zuerst auf den Ohly-Turm (Schlüssel für -.5o pro Person im Gasthaus; Turm-Tür klemmt oft trotz Aufgesperrtsein und braucht dann "Nachhilfe") oder entgegengesetzt schräg hinunter ins Felsenmeer, dort am Kiosk bei der Riesensäule Spezialkarte 1:2ooo erhältlich. Es lohnt sich, bis fast hinunter zu gehen von dort aus und im Zickzack wieder hoch.

Weiterfahrt über das Staffeler Kreuz, von dem aus eine schöne Wanderung nach N zur Neutscher Höhe möglich wäre, und Staffel, dann rechts nach Wurzelbach und Beedenkirchen, dort links nach Lauterbach-Brandau, durch dieses gut ausgeschildert im Zickzack in Richtung Lindenfels bis knapp hinter Neunkirchen, das links der Straße liegen bleibt. Rechts in der Kurve am Waldrand Halt auf dem Wanderparkplatz, dann weiter zum nächsten rechts = "Am Weinweg" (die Karte dort ist stark quer verzerrt, bis 1:über 2), von dort zu Fuß den einzigen ansteigenden Weg bis zur Höhe und dann links zum Kaiserturm, bei dem es leider erfahrungsgemäß reine Glücksache ist, ob er geöffnet ist.

Weiterfahrt durch Winterkasten bis zur Straße Bensheim - Michelstadt, dort links ab (zwei kurze Halte) bis zum "Gumpener Kreuz", dann rechts ab nach Fürth.

Für die Rückfahrt gibt es dann eine Reihe verschiedener Möglichkeiten. Man kann noch vor Fürth nach links hinauffahren nach Weschnitz, der Wegscheide oder der Tromm (Exk.6), oder in Fürth rechts ab nach Heppenheim, oder bei Zotzenbach die Panoramastraße nach links nehmen zur Kreidacher Höhe und nach Siedelsbrunn. Die kürzeste Verbindung (und sicher nicht die uninteressanteste) führt aber die Tiefenlinie der Weschnitzsenke entlang bis an den Wachenberg heran und nach Weinheim. Schließlich könnte man schon in Winterkasten rechts abbiegen nach Bensheim.

Abb.16: der inzwischen leider abgebrochene, frühere Thurn- und Taxis'sche Posthof in Heppenheim/Bergstraße (n.WINTER)

Nordöstlich an der Kreuzung von (neuer) Bergstraße und Lorscher Straße = Autobahnzubringer in Heppenheim stand noch lange nach 1945 der ehemalige Thurn- und Taxis'sche Posthof (s.Abb. auf gegenüberliegender Seite), der leider inzwischen der Spitzhacke zum Opfer gefallen ist.
Für die Stadt Heppenheim selbst sei z.B. auf den rund 1oo S. starken Stadtführer verwiesen (H.WINTER: Das schöne Heppenheim. div.Aufl.), aus welchem auch die nebenstehende Abbildung stammt, oder auf "Das Bürgerhaus zwischen Rhein, Main und Neckar" vom selben Autor (Heppenheim bes.S.13-16,122-146,273-275).

1 Der Aufstieg zur Einsattelung hinter der Starkenburg bietet links wechselnde Aussichten auf die Weinbaustufe der "Bergstraße" (vergl.Exk.2), rechts liegt etwa in 2/3 Höhe auch ein aufgelassener Steinbruch (heute mit Gastwirtschaft), der besonders am späten Abend gut ausgeleuchtet ist. Er wurde von GURLITT (1939) genau kleintektonisch im Sinne von CLOOS untersucht, aber auch schon im geologischen Führer von ROGER (S.273) beschrieben. Die Starkenburg steht nämlich nicht auf Kristallin, sondern auf einer Vorstaffel aus Buntsandstein, der nördlichsten am Odenwald-Westrand. Die nächstsüdlichere gibt es erst wieder südlich von Weinheim. Südlich von Heppenheim sind auf einer ähnlichen Vorscholle auch oligocäne Küstenkonglomerate erhalten (s.S.3 und ZIENERT 1957).

2 Vom bereits im Kristallin liegenden Parkplatz (die Grenze entspricht etwa der den Hang hinunterziehenden Grenze Wald/Wiese) auf der Einsattelung gehen wir zuerst etwa 2oo m nach E zum P.231 auf einer kleinen Wiesenfläche direkt nördlich = links vom Weg, dort ist die Aussicht nach W-NE freier als direkt vom Parkplatz. Rechts neben dem bewaldeten Starkenburg-Nordhang ist in der Ebene Lorsch (früher Reichsabtei, u.a. eine karolingische "Königshalle" als Torbau erhalten) erkennbar, bis zu welchem die alte Bergstraßen-Neckar-Aue = Gebirgsrandsenke reicht, deren Flureinteilung früher klar an die edaphischen Unterschiede, z.B. die feuchteren, alten Rinnen und sandigere Zwischengebiete, angepaßt war. Dahinter liegen die immer wieder von Feldern unterbrochenen Dünen-Waldgebiete der Niederterrasse, die Rheinaue zwischen Lampertheim-Biblis und Worms, die linksrheinischen Weinbaugebiete, die Pfälzer Berge etwa ab dem Donnersberg an nach N, und schließlich (bei sehr klarer Sicht) der Hunsrück.
Der Schattenhang im Vordergrund wird weitgehend von Obst-Wiesen eingenommen, der gegenüberliegende Sonnenhang dagegen (außer in SE-E-Exposition) von Wein. Beiderseits oberhalb vom Hambachtal gibt es dann auf einer Verflachung in rund 225-25o m MH Wein und Felder gemischt, nur die beiden höheren der drei restbergartig darüber aufragenden Buckel westlich vom Tal tragen Wald, ebenso der öst-

lich der Verflachungen darüber ansteigende Hang zum Lindenstein (454 m MH).
Auf diese Verflachungen und deren Fortsetzung nach N-NE in der "Gronauer Senke" wird später noch zurückzukommen sein; sie enden nach S übrigens auf dem schmalen Rücken, auf dem wir stehen. In den Wäldern und Waldstücken überwiegt das Laubholz, in den tieferen Lagen Eichen, weiter oben Buchen (s.Exk.2 und ZIENERT 1979).
Den Hintergrund bilden schließlich das Auerbacher Schloß (s.u.) und der Malchen = Melibokus, dessen etwa dreieckiges Gipfelprofil man von Heidelberg aus als letztes an der Bergstraße noch erkennen kann.

Auf der Südseite unseres Rückens erkennbar reicht Kristallin überall bis oben hin, durch die am S-Hang dazu oft mächtige Lößdecke (und natürlich die Exposition) ergibt sich die Nutzung fast schon von selbst: Weinbau.
Der Blick nach S-E ins Kirschhausener Tal ist interessant und abwechslungsreich, zum Erkennen der Großformen-Entwicklung steht man hier aber rund 1oo m zu tief; selbst der Blick vom Aussichtsturm der DJH Starkenburg genügt noch nicht völlig. Ganz im Hintergrund sind Teile der Tromm gerade noch über den N-Ausläufern des Juhöhen-Gebietes erkennbar.

Am Weg zur Starkenburg-Ruine machen wir kurz hinter der gebüschbestandenen Rechtskurve halt und schauen hinüber zur Freilichtbühne. Dort darüber steht das oligocäne Küsten-Konglomerat an, das nach STRIGEL (1949) in den tieferen Partien nur Buntsandstein enthalten soll, während weiter oben Kristallin folgen soll (GRAUL spricht nur vom Kristallin). Die Ausdeutung ist etwas umstritten, ihr Egebnis je nach Betonung auf Küstenkonglomerat oder auf eventuell überarbeitete Flußschotter aus dem damals mindestens bis hier sandsteinbedeckten Odenwald verschieden. In einem reinen Küstenkonglomerat könnte der Buntsandstein auch von der Heppenheimer Vorscholle selbst stammen und das Kristallin von der Juhöhen-Scholle dahinter, bei Schottern müßte der Buntsandstein gerade in dieser Zeit vom Gewässernetz durchschnitten und darunter das Kristallin angeschnitten worden sein; oder beide Vorgänge spielten eine Rolle dabei.
Im Wald vor der Starkenburg stehen links vom Weg einige interessante Baumgestalten, alte Linden.

3 Vom (neuerbauten) Turm der DJH Starkenburg hat man dann eine schöne Rundsicht auch wenn sie mit den späteren Panoramen dieser Exkursion wohl kaum mitkommen dürfte.

Beginnen wir mit Lorsch wie am ersten Aussichtspunkt jenseits vom Parkplatz. Die Breite der alten, von S heran- und vor uns vorbeiziehenden Neckaraue die Gebirgsrandsenke vor der Bergstraße entlang ist besonders schön zu erkennen. Früher waren zumindest nach schweren Gewittern die alten Flußschlingen noch an ihrer Wasserfüllung zu erkennen. Durch die künstliche Absenkung des Grundwasserspiegels, das Kiesausbaggern zum Autobahnbau und die Flurbereinigungen im gleichen Zusammenhang hat sich in den letzten Jahren allerdings manches verändert; so sollen z.B. in Lorsch schon Schäden an alten Häusern entstanden sein durch die Veränderungen im Grundwasserstand.

Die Landschaftseinheit Bergstraße ist weniger gut einzusehen, da wir selbst sozusagen in der schräg liegenden Fläche stehen. Dafür läßt sich die Fortsetzung der Formen beiderseits vom Hambachtal nach N bis fast zum Malchen und zum Felsberg gut übersehen. Nach hinten endet die ganze Verflachung, sie wird dazwischen mehrfach nach W zerschnitten, an einer stark zerlappten, bewaldeten Steilstufe am Südfuß von Malchen und Felsberg und dem Hohberg als NW-Ausläufer der Knodener Höhe.

Nach NNE-E folgt über diesen Verflachungen das Gebiet des "Heppenheimer Waldes", hier meist nach altem Heidelberger Geologenbrauch Knodener Höhe genannt. An seiner Südseite sind in Verlängerung des Weges zum P.231 die tiefer gelegenen Verflachungsstücke des Schieferzuges vom Südrand der Nordscholle erkennbar. Der Nordrand der Kirschhausener Talung, etwa entsprechend der unteren Waldgrenze, ist mit größter Wahrscheinlichkeit eine Bruchstufe; beiderseits dieser Linie unterscheiden sich nicht nur die Formen (ZIENERT 1957), sondern auch die Spaltspuren-Hebungsalter (WAGNER,G.A. mehrfach) um mindestens 2o Millionen Jahre, d.h. die Nordscholle muß die entsprechende Temperaturgrenze, die sonst zum Ausheilen dieser Spuren führt, mindestens 2o Mill.Jahre früher überschritten haben als das Gebiet südlich davon, also die Juhöhen-Scholle.

Wie oben bereits erwähnt stehen wir immer noch etwas zu tief, um die Verhältnisse südlich des Tales genauer zu übersehen. Immerhin erkennt man über dem bewaldeten Talgegenhang im Vordergrund eine größere Verflachung noch vor den höchsten Teilen der Juhöhen-Scholle; ähnliche Formen gibt es auch in den Westrandtälchen oberhalb der Bergstraße südlich von Heppenheim bis nördlich von Weinheim (vergl.ZIENERT 1957). Ganz im S ist noch das Gebiet um Schriesheim und südöstlich davon der Weiße Stein (s.Exk.2 und 5) erkennbar.

Beim "Auerbacher Schloß" (Burgführer am Kiosk erhältlich) angekommen, versuchen wir zunächst, ob das Burggelände zugänglich ist (Öffnungszeiten s.o.).

Falls ja, steigen wir auf die Schildmauer und später den Turm hinauf. Nur wenn die Burg verschlossen sein sollte, benutzen wir die später genannten Ausweichplätze. Auf der Schildmauer angekommen, beginnen wir die Betrachtung des Panoramas etwa im NW. Rechts von Zwingenberg/Bergstraße erhebt sich zunächst eine kristalline Vorstaffel, die Orbishöhe ist das bekannteste Stück davon. Ähnlich hohe Riedel-Rücken gibt es auch bis an unseren Standort heran. Vom Malchen-Gipfel mit einer kleinen Gipfelfläche (515 m MH) überragt folgt dann eine rechts am Betrachter vorbeiziehende Buckelreihe, die südlichsten Ausläufer des schmalen Westrandstreifens der Nordscholle des Kristallinen Odenwaldes. Jenseits des von hier kaum einsehbaren Balkhausener Talzuges folgt nach einem Stück seiner N-Fortsetzung der variskisch streichende Felsberg-Rücken und seine südlichen Ausläufer. Weiter nach rechts = etwa E-SSE ist im Vordergrund der S-Teil der Balkhausener Talung, der Teil um Hochstätten, mit seinen Wiesen und Feldern erkennbar vor den nur auf dieser Seite so stark bewaldeten SSW-Ausläufern vom Felsberg. Dahinter liegt das große Flachgebiet der "Gronauer Senke", wie das schiefliegende Dreieck, die N-Fortsetzung der Flachformen um Hambach usw., auch genannt wird, und schließlich der Höhenrücken am SE-Rand der Nordscholle, die Neunkirchener Höhe, die Knodener Höhe bis zum Lindenstein, und der Starkenburg-Rücken bis Heppenheim.

Für das Gebiet westlich der Bergstraße, also die anschließenden Teile der Oberrheinebene, ist kaum Neues zu vermelden (einige bewaldete Kieselinseln in der alten Aue). Bei wirklich guter Fernsicht reicht der Blick bis zum Hunsrück.

Klappt es mit der Besteigung der Burgruine nicht, so gibt es folgende Ausweich-Aussichten. Am Schloßrundweg und der etwas darüber liegenden Aussichtsplattform hat man vor allem den Blick in die Ebene und auf die Bergstraße bis zum Malchen, vom Parkplatz nördlich der Y-Gabelung auf den Felsberg bis zur Starkenburg.

Auf der Weiterfahrt nach Hochstätten kommt man noch vor diesem Ort im Tal an dem Auerbacher Marmorwerk vorbei, das früher in der Nähe gebrochenen, echten, kristallinen Marmor verarbeitete.

5 Vom Ohly-Turm auf dem Felsberg (515 m MH = Basis des Turmes) hat man mindestens zum zweitenmal auf dieser Exkursion ein vollständiges Panorama, eines der landschaftlich schönsten im ganzen Odenwald, diesmal vor allem über den größten Teil der Nordscholle, in deren SW-Teil wir uns befinden.
Benutzen wir die gleichhohe Landmarke Malchen im W als Beginn des Panoramas. Südlich davon ist das Auerbacher Schloß klar erkennbar, auf einem der südli-

chen Ausläufer des Malchen gelegen. Der ganze Randstreifen setzt sich nach N, noch mehrfach durchschnitten, über den Langenberg-Frankenstein-Rücken bis gegen Darmstadt fort, sich dorthin allmählich erniedrigend. Direkt vor diesem westlichen Randstreifen ist die wahrscheinlich tektonisch angelegte Balkhausener Talung mit ihren Wiesen und Feldern, im N-Teil auch eine Siedlung, erkennbar. Dann folgt etwa von SW ein zum Felsberg ansteigender, bewaldeter Höhenrücken, der nach N-NE keine richtige Fortsetzung findet. Vom Staffeler Kreuz (4o9 m gegenüber 515 m beim Felsberg) folgt nämlich ein nach N zu immer breiter werdender, flacher Rücken, überwiegend mit Feldern bedeckt. Dieser Rücken wird um die Neutscher Höhe bis 1,5 km breit und ist dort z.T. fast tischeben, bis er sich weiter nach N wieder verschmälert und westlich von Dieburg, um den Mainzer Berg (227 m) ausläuft. Beiderseits begleiten ihn, noch etwas tiefer liegend, die Verflachungen einer unteren Formengruppe. Näheres s.ZIENERT 1957. Nach E schließen die weiten, allerdings von vielen "Restbergen" (meist Teilen von Kontaktzonen) überragten und teilweise auch schon wieder zerschnittenen Verflachungen der unteren Formengruppe an. Sie reichen bis an die Randhöhen im E bis S der Nordscholle, greifen südlich bis östlich von Gadernheim auch zwischen diesen Randhöhen hindurch auf die SE-Seite der Scholle, wo sie etwa von Kirschhausen im SW bis um Brensbach im E erkennbar sind (s.o. und Exk.6, gegen Ende, sowie später die Aussicht von der Neunkirchener Höhe auf dieser Exk.). Den "hohen Rahmen" mit den oberen Verflachungen bildet schließlich das Gebiet von NNE bis um die Neunkirchener Höhe und, jenseits der erwähnten Unterbrechung, Knodener Höhe und Lindenstein.
Vor Knodener Höhe und Lindenstein ist dann das schiefliegende, flachere Dreieck der Gronauer Senke erkennbar und etwas über dessen Ende die Starkenburg bei Heppenheim. Im Hintergrund nach S sind noch Teile der Juhöhenscholle und ganz hinten das Gebiet um Weißen Stein und Ölberg zu sehen. Hat man einmal sehr gute Sicht, so reicht der Blick bis zum Nordschwarzwald.
Durch die Lücke zwischen Knodener und Neunkirchener Höhe sind nördliche Teile der Tromm sichtbar und hinter der N-Fortsetzung der Neunkirchener Höhe der Böllsteiner Odenwald, bei sehr guter Sicht selbst der Spessart.
Im N reicht der Blick meist bis in die Gersprenz-Untermain-Ebene und gelegentlich bis zum Taunus und in die Wetterau.

6 Der Weg ins Felsenmeer beginnt am Ende der Straße und führt von dort links schräg hinunter. Bald sieht man links im Wald die ersten römischen Werkstücke. Dann folgt auf der Flachen Platte eine größere Zahl be- bis verhauener Brocken,

meist mit Phantasie-Namen belegt, die nichts mit der ursprünglichen Bedeutung zu tun haben. An einigen Blöcken erkennt man noch die Werktechnik, zunächst eine Reihe von länglichen Löchern einzuhauen, in die später Eisenkeile hineingesteckt und eingeschlagen wurden. Der "Altarstein" z.B. ist nichts anderes als ein Brocken, bei dem das schief ging, und zwar gleich mehrmals.

Beim Kiosk trifft man dann auf das wohl bestbehauene alte Stück, die Riesensäule. Weniger starke Säulen wohl aus diesem Bruch sind auf dem Umweg über römische Bauten in Mogontiacum = Mainz und eine karolingische Pfalz in Ingelheim schließlich auf dem Heidelberger Schloß gelandet und tragen dort seit langem die Decke der Brunnenhalle gleich rechts hinter dem Eingang über die Torbrücke. Von der Riesensäule aus führen schmale Steige auf beiden Seiten des größten der Felsenmeere (besser wäre Blockströme) bis weit hinunter, der Teil mit den mächtigsten Blöcken wird schließlich von einer Holzbrücke überspannt. Beim Rückweg hinauf sollte man in einem der alten Steinbrüche versuchen, noch die Entstehung der weitgehend zugerundeten Blöcke zu erkennen (leider ist das von Jahr zu Jahr schwerer möglich). Die Klüfte entlang dringt die Verwitterung ein, u.a. Hydratation greift dann besonders von den Ecken und Kanten an, bis schließlich ein noch fester Kernblock von mehr oder weniger schaligen Grusschichten umgeben übrig bleibt. Abspülung des Gruses führt dann zur Freilegung der bereits im Boden zugerundeten Blöcke. Hinzu kommt sicher noch hangabwärts gerichteter, möglicherweise periglazialer Transport, besonders von den mit Felsburgen gekrönten Hangrippen (s.auch BRAUN und GRAUL).

Auf der Weiterfahrt haben wir am Staffeler Kreuz einen letzten Blick zurück zum Auerbacher Schloß, das erst von der Neunkirchener Höhe aus wieder sichtbar werden wird.

7 Von der Straßenaußenseite jenseits der Sicherheitsplanken gegenüber vom ersten Parkplatz kurz hinter Neunkirchen sehen wir links den Ort selbst, daneben rechts den letzten Buckel der Restbergreihe, die schon während der Herfahrt nach und nach links der Straße sichtbar geworden war. Zwischendurch ist das Gebiet östlich Darmstadt gerade noch erkennbar. Nach rechts folgen Ort und Schloß Lichtenberg, weit dahinter eine Raffinerie-Abfackelung, und noch weiter rechts ziemlich hinten das Gebiet um Groß-Umstadt, in dem nördlich vom Böllsteiner Odenwald über einem Kristallin- und Porphyr-Sockel die Buntsandsteinstufe wieder einsetzt, daneben den Otzberg und nördliche Teile des Böllsteiner Kristallingebietes vor Buntsandsteinhöhen in Richtung Spessart und Maintal.

8 Vom Kaiserturm auf der Neunkirchener Höhe (wir hoffen, daß er geöffnet ist) gibt es dann unser letztes "Genuß"-Panorama aus dem Kristallinen Odenwald, das dritte allein auf dieser Exkursion, die nicht zuletzt deshalb als Abschluß-Exkursion für den Odenwald gewählt wurde.
Beginnen wir ziemlich genau im W wieder mit dem Malchen = Melibokus und seinen südlichen Ausläufern bis zum deutlich erkennbaren Auerbacher Schloß. Davor sehen wir den Felsberg-Rücken und seine niedrigere N-Fortsetzung über die Neutscher Höhe usw., im NW überragt vom dahinterliegenden Langenberg-Frankenstein-Rücken und dessen weiterer Fortsetzung, also die randliche, schmale Teilscholle zum Oberrheingraben. Links vor dem Felsberg gibt es eine Lücke. Dort zieht (für uns unsichtbar) die Gronauer Senke schräg in die Nordscholle hinein, vor Malchen und Felsberg begrenzt durch einige, teilweise bewaldete Buckel, an die nach rechts die weiten Flachgebiete der zentralen Teile der Nordscholle anschließen, überragt (besonders im Vordergrund) durch etliche Restberge darüber, die teils an Kontaktzonen liegen, teils aus weiterständig geklüfteten Felspartien bestehen (Kluftabstände und Bankungsdicken bis 1o m kommen vor). Alle bisher genannten, sichtbaren Formen fallen nach N ein und gehen dort schließlich in die Oberrhein-Unter=main-Niederung über.
Im N bis NE erkennen wir die Breite der Rückenfläche auf der Neunkirchener Höhe selbst, über deren östlichen Teilen der gesamte Böllsteiner Höhenrücken und die Buntsandsteinberge dahinter sichtbar werden. Am S-Ende der Böllsteiner Hochfläche ist der niedrige, doppelgipflige Buntsandsteinzeuge Heidelberg durch seine Bewaldung und die Felder darum herum erkennbar (vergl.Exk.6) und, nach der Einsattelung an der Spreng, die Buntsandstein-Schichtstufe vom Morsberg über das Lärmfeuer bis zur zweifachen Eintiefung in die Stufe an der Wegscheide, wo (entgegen GRAUL, wie hier doch einmal ausdrücklich betont werden soll, was schon öfter hätte geschehen können) zwei Mümling-Zufluß-Täler durch die Stufe unterschnitten und damit etwas gekappt worden sind (s.Exk.6,S.7o). Vor dieser Stufe ist die Basislandterrasse, teils bewaldet, teils Offenland, klar erkennbar und nochmals davor die nördlichen Ausläufer der Tromm und die südlichsten Teile der Gersprenzsenke bis fast zur Wasserscheide zur Weschnitz am "Gumpener Kreuz". Betrachten wir zunächst weiter den Hintergrund, so ist jenseits der sm-Stufe noch die Bruch- bis Bruchlinienstufe des von der Rheinebene aus gezählt dritten Odenwald-Hochgebietes (s.Streichkurvenkarte im Anhamg) jenseits der Mümling zu erkennen. Rechts der Eintiefung in die Stufe durch die etwas gekappten Mümling-Zuflüsse folgt der ganze mittlere Buntsandstein-Odenwald und davor links zu-

nächst die Stotz (bewaldet), hinter der sich der Weschnitz-Durchbruch durch die Tromm-Ausläufer verbirgt, und dann die Tromm selbst als Ostbegrenzung der Weschnitzsenke, die wir fast längs übersehen können, und dahinter dem "Südlichen (kristallinen) Bergland" mit seiner N-Bruchstufe und die Sandsteinberge vom Hardberg bei Siedelsbrunn bis gegen Heidelberg. Der rechte = westliche Flügel der Weschnitzsenke steigt stärker an als das Tromm-Vorland, die Juhöhenscholle wird aber weitgehend von hier aus nicht sichtbar.

Im Vordergrund sehen wir unterhalb einer Waldstufe weiträumige, von Feldern eingenommene Verflachungen, die parallel zum "hohen Rahmen" auf dessen Außenseite nach NE ziehen, übrigens die größten tieferen Verflachungen dieser Seite. Etwas darin eingesenkt liegt das frühere Waldhufendorf Winterkasten (wir fahren später durch). Die alte Hufenflur ist an ihren Wegen und Hecken von hier oben aus besser erkennbar als später bei der Durchfahrt durch den Ort. Zwei von hier aus flache Höhen, oben und auf der rechten = westlichen Seite bewaldet, verdecken den Blick auf Lindenfels, dann schließen nach rechts wieder ähnliche Verflachungen mit Feldern (wie östlich davon um Winterkasten) an, ehe das breite und tiefe Kolmbach-Tal weit hereingreift. Rechts davon setzen sich die (tieferen) Verflachungen fort, die schon zu den zentralen "unteren" der Nordscholle gehören (s.o.). Hinter dem Kolmbachtal erhebt sich die ziemlich breite Hochfläche der Knodener Höhe (dabei sehen wir auf ihre Schmalseite), an deren linkem = südlichem Rand wieder die tieferen Verflachungen erkennbar werden auf dem Schieferzug nördlich der Kirschhausener Senke (s.den Beginn unserer Exkursion). Die Fortsetzung nach rechts wurde bereits oben beschrieben.

Sollte es das Pech wollen, daß der Aussichtsturm geschlossen ist (was mir im Laufe von 3o Jahren schon mehrfach passierte), so ist guter Rat teuer. Es gibt nämlich selbst bei langem Herumlaufen kaum die Möglichkeit, das ganze Panorama wenigstens stückweise zusammenzusetzen, außer auf der Neunkirchener Seite (vom ersten Parkplatz, s.o., und etwas weiter westlich etwa vom Friedhof aus) für den W bis N. Alle anderen Aussichtspunkte liegen wesentlich tiefer und lassen deshalb keine so weite Übersicht zu.

Auf der Fahrt durch das ehemalige Waldhufendorf Winterkasten (zu diesem Ort s. vor allem NITZ, aber auch schon RITTMAYER u.a.) liegt gleich links hinter dem Ortsschild der erste große Hof, weitere (meist modernisiert) folgen. Ab und zu findet man dazwischen noch ein übrig gebliebenees "Odenwälder Wohnstallhaus" mit gemauertem Stall und Treppe unten, und dem Fachwerkaufbau als Wohnteil oben, wie sie als Haus der ärmeren Bevölkerungsteile früher im ganzen Odenwald typisch waren. Im unteren Ortsteil liegt dann links der Straße ein großer Hof neben dem anderen, ohne moderne Bebauung dazwischen.

Von der Straße unterhalb vom Ort könnte man einen Teil des eventuell verpaßten Panoramas von der Neunkirchener Höhe wenigstens einigermaßen nachholen, und zwar den Abschnitt vom Böllsteiner Odenwald über Morsberg und Lärmfeuer bis zu den mittleren Teilen der Tromm.

9 Kurz hinter der Abzweigung zum Gumpener Kreuz (rechts große Parkmöglichkeit vor der Wegschranke) haben wir nochmals die Sicht nach NE in die südlichsten Teile der Gersprenzsenke bis etwa zum Schloß Reichenstein (s.Exk.6), links davon auf die östlichen Ausläufer der Neunkirchener Höhe, rechts die N-Fortsetzung der Tromm, im Hintergrund das Böllsteiner Gebiet und, durch eine Lücke, den Morsberg. Nach S reicht die Aussicht vom Tromm-Westabfall über den Ostteil der Weschnitzsenke und die Geländestufe am N-Rand des Südlichen Berglandes bis zum Juhöhen-Anstieg. Man erkennt hier auch deutlicher als von oben den hochgeschleppten SE-Teil der Weschnitzsenke gegen Siedelsbrunn zu.

Etwa 1oo m vor dem Gumpener Kreuz gibt es rechts noch eine letzte kleine Parkmöglichkeit; von dort sehen wir links hinten nochmals Winterkasten und nach rechts anschließend die bisher noch nicht näher untersuchten, flachen Teile nur wenige Meter oberhalb beiderseits der Gersprenz mit ihren Feldern.

Am Gumpener Kreuz selbst liegt die Wasserscheide zwischen Gersprenz und Weschnitz, deren Oberläufe aber, beide recht abgeknickt, von Winterkasten bzw. von Hammelbach herunterkommen und nicht von der Wasserscheide am Gumpener Kreuz.

Die Fahrt hinunter nach Fürth beschert uns mehrfach den Blick nach S-SW in die Weschnitzsenke und auf deren Randgebiete, doch soll von einer Einzelschilderung nach Absolvierung eines so großen Tages-Pensums lieber abgesehen werden. Auch wissenschaftlich Interessierte wollen nicht überfüttert werden und einmal nur als Ästheten (oder einfach müde) die vorüberziehende Landschaft betrachten können.

PERIGLAZIAL IM ODENWALD

Vermutlich wird manchem Leser aufgefallen sein, daß bisher nur selten von "Periglazial"-Erscheinungen die Rede war. Das hat zwei Gründe: Erstens hat GRAUL, z.B. in seinem geomorphologischen Führer, sehr ausführlich dazu Stellung genommen. Und zweitens ist oft noch sehr umstritten, was davon wann und wie entstanden sein könnte. Nur in einer Beziehung konnte z.B. in puncto Großformen-Entwicklung schließlich Übereinstimmung erzielt werden, nämlich, daß die flächenhafte Tieferschaltung der Hochflächen im Mittleren Buntsandstein im gesamten Pleistocän durchschnittlich wohl 8-1o m betragen haben dürfte.

Die Blockströme, hierzulande meist "Felsenmeere" genannt, wurden durch GRAUL und Schüler (vor allem BRAUN und GEIGER) in vielen Beispielen untersucht und dabei wichtige, neue Auffassungen entwickelt. Erstmals wurden ihre Formen mit denjenigen von Gletschern verglichen; steile Stirn, konvexes Quer- und teilweise auch Längsprofil im unteren Teil (z.T. mit Randgerinnen daneben), konkaves Profil in den oberen Teilen, seitliche Zuführung von Blöcken von Felsrippen und Felsburgen herunter, und schließlich möglicherweise mehrphasige Entwicklung zumindest einiger dieser Blockansammlungen.

Etwas anders steht es mit der Erforschung der auch sonst weit verbreiteten Erscheinung der Blockstreu auf den Hängen. Hier konnte GRAUL immerhin einige Unterschiede in nord-südlicher Richtung innerhalb des Odenwaldes wahrscheinlich machen auf Grund unterschiedlicher, nach N abnehmender Härte vor allem des Hauptkonglomerates (c_2) als oberster Lage des Mittleren Buntsandsteins (sm). Nur gilt es auch zu bedenken, daß schon in den um die Jahrhundertwende erschienenen Erläuterungen zu den geologischen Karten 1:25.000 immer wieder betont wurde, daß die Blöcke (aus verschiedensten Ausgangsgesteinen) immer mehr abnehmen würden, da immer mehr davon aufgearbeitet würden. Und dasselbe konnte ich während der Geländearbeit für meine Dissertation um 195o beobachten, damals vor allem im Kristallingebiet.

Teils einfacher, teils noch schwieriger wird es mit den Wanderschuttdecken, zu deren Erforschung vor allem SEMMEL von Frankfurt aus beigetragen hat. In der näheren Umgebung von Heidelberg ist bisher kaum untersucht, wie viele solcher Schuttdecken überhaupt maximal hier zu finden sind. Eine weitere Schwierigkeit ergab sich aus der Tatsache, daß seit dem Weggang von STREMME nach

Kiel das Fach Bodenkunde nie wirklich vertreten war. Vielleicht auch deshalb ist bisher immer noch unklar, wie es wirklich mit der Löß-Stratigraphie hierzulande steht, auch wenn in den letzten Jahren einige Fortschritte gegenüber den Ergebnissen von SOERGEL und K.G.SCHMIDT aus der Vorkriegszeit erzielt worden sein dürften.

Und doch spielen Periglazial-Ablagerungen in unserem Raum eine große und wirtschaftlich wichtige Rolle, sei es als Grundlage der Bodenfruchtbarkeit großer Gebiete, sei es in Neubaugebieten als oft problematischer Baugrund.

EICHLER untersuchte die Verhältnisse im Bereich Boxberg - Emmertsgrund auf der Vorstaffel der Königstuhl-Scholle oberhalb von Rohrbach genauer, wo selbst "Dolinen", die man früher für Anzeichen darunterliegenden Muschelkalkes hielt, ihre Ursache in der allmählichen Ausspülung von Feinmaterial zwischen Buntsandsteinblöcken vom Hangschutt haben (früher sprachen wir im Jux von "unseren Buntsandstein-Dolinen", ohne zu ahnen, daß dies in gewissem Sinne sogar stimmte). Die eben bereits genannte Wasserführung machte dort auch teure Sicherungsmaßnahmen dagegen notwendig an und in den Bauten.

Große Probleme (nach Zeitungsberichten mit Millionen-Schäden) bekamen Architekten und Bauherren auch z.B. am Südhang des Heiligenberges direkt oberhalb der Ziegelhäuser Landstraße, obwohl es sich doch eigentlich längst hätte herumgesprochen haben müssen, daß man beim Anschneiden mächtiger Hangschuttdecken besonders an Steilhängen vorsichtig sein muß und es zumindest unbedingt erforderlich ist, genügend breite Streifen davon als eine Art von "tragenden Pfeilern" stehen zu lassen, weil sonst nicht nur kleinere Hangteile, sondern der ganze Hang wieder in Bewegung kommen kann.

OBERRHEINEBENE UND NECKARSCHWEMMFÄCHER

Die Untergliederung der pleistocänen Ablagerungen in der nördlichen Oberrheinebene ist noch sehr umstritten. Die Ergebnisse der beiden "Schulen" erweisen sich leider bisher als unvereinbar. Für den nicht oder zumindest weniger umstrittenen Kenntnisstand verweise ich auf Abb.1, S.4.
Die ältesten, an der Oberfläche erhaltenen Ablagerungen und damit die ältesten Oberflächenformen in den zentralen und östlichen Teilen der Oberrheinebene (auf die völlig andere Entwicklung der westlichen Teile kann hier leider nicht eingegangen werden) stammen vom letzten Hochstand der letzten alpinen Vereisung, also aus den späteren Abschnitten der "Würm"-Eiszeit. Damals, wohl etwa 2o.ooo bis 13.ooo BP, war es auch in unserem Gebiet kalt und folglich fehlte Vegetation weitgehend. Entsprechend ungehindert konnten die Atmosphärilien auf die Erdoberfläche einwirken. Der Rhein im Raum Mannheim (wie der Neckar östlich davon) war noch ein Wildfluß und oft in mehrere Arme aufgespalten. Er brachte von den Alpengletschern herangeschlepptes und vom Fluß überarbeitetes Material in Form von Kies (nur härteste Gesteine überstanden den Weg als Kies), Sand und Schlamm mit. Weiteres Material stammte aus den Mittelgebirgszuflüssen des Rheines, also vor allem aus dem Schwarzwald und den Vogesen. All dies schüttete er unter ständigem Hin- und Herpendeln seines Laufes, unter dauernder Neubildung, Vergrößerung und Wiederabschneidung von Schlingen mit von S nach N fallendem, in der W-E-Richtung leicht gewölbtem Profil in der Oberrheinebene auf. Es entstanden so die heute noch weithin recht ebenen Sand- und Schotterflächen der "Niederterrasse" (vergl.S.7) beiderseits vom Rhein und die etwas niedriger gelegene Gebirgsrandsenke östlich davon (bei ihrer Entstehung dürften aber auch Nachwehen der Absenkung des Untergrundes mitgespielt haben, besonders im "Heidelberger Loch"). Gleichzeitig wurde aus den freiliegenden Rheinablagerungen der Sand und das staubförmige Material ausgeblasen. Der Sand häufte sich hinter kleinen Hindernissen zu immer stärker anwachsenden Dünen auf. Bald wurden diese unabhängig vom auslösenden Hindernis und wanderten als "Sicheldünen", die Spitzen voraus, weiter. Der Staub dagegen flog mit dem Wind davon und lagerte sich vor allem in den Randgebieten, wie Bergstraße, Odenwald und Kraichgau, als Löß ab.
Gleichzeitig brachte auch der Neckar immer wieder große Schottermengen (z.T. auch große Blöcke) aus seinem Einzugsgebiet an und füllte damit den vor seiner Ausmündung in die Oberrheinebene gelegenen Teil der Gebirgsrandsenke zum größten Teil auf, die gerade westlich von Heidelberg stärkere Absenkung

des östlichen Randstreifens dabei überkompensierend. So entstand der Neckarschwemmfächer, auch Neckarschwemmkegel genannt, weil es sich um ein flach halbkegelförmiges Gebilde mit der Spitze am "Hackteufel", also noch im Ausgang des Neckartales in Heidelberg handelt. Trotzdem konnte der Neckar zunächst nicht direkt nach W zum Rhein hin vorstoßen, sondern er wurde durch die leichte Wölbung der Rheinablagerungen (vielleicht unterstützt durch die inzwischen entstandenen Dünenketten) nach N, die Bergstraße entlang, abgedrängt. Spuren des Kampfes zwischen Dünen und Neckar wurden z.B. beim Bau der Autobahn in den dreißiger Jahren an mehreren Stellen aufgeschlossen, vor allem im Raum westlich bis nördlich Wallstadt.

Mit der Klimaverbesserung am Ende der letzten Vereisungszeit (etwa 15.000 bis 10.000 BP) änderten sich die Verhältnisse auch in unserem Gebiet. Der Neckar mit seinen verschiedenen Nebenarmen erhöhte zwar seinen Schwemmfächer noch weiter. Er überzog ihn dabei aber mit einer meist aus wiederabgeschwemmtem Löß entstandenen, bis mehrere Meter dicken Schwemmlehmdecke. Gleichzeitig scheint der Rhein aber auf Grund des durch die Klimaverbesserung verursachten Rückzuges der Alpengletscher und dem dadurch bedingten Fortfall der alpinen Gerölle (sie blieben jetzt weitgehend in den von den Gletschern verlassenen Becken der Alpenrandseen liegen) unter verstärkter Mäanderbildung bereits wieder mit der Einschneidung in die vorher von ihm abgelagerten Sande und Schotter begonnen zu haben. Bald folgte ihm darin auch der Neckar. Während im Rheingebiet um Mannheim keine klaren und eindeutigen Anhaltspunkte für dieses durch das Aufkommen dichterer Vegetation (einschließlich der Wälder) noch komplizierte Entwicklungsstadium erhalten zu sein scheinen, bildete der Neckar in dieser ersten Zeit seiner Wiedereinschneidung im "Spät-" und im beginnenden "Postglazial" von Wieblingen an nach NW einen nur wenig eingesenkten Mündungstrichter mit vielen alten Flußrinnen und inselartigen Erhebungen dazwischen aus. Dieser ältere Mündungstrichter, der Neckar floß noch die Bergstraße entlang, wird etwa von der Linie Wieblingen - Friedrichsfeld - Mittelfeld südlich Seckenheim - Feudenheim - Neckarrinnen bei Wallstadt - zwischen Heddesheim und Ladenburg hindurch - östlich von Ladenburg entlang und wieder nach Wieblingen begrenzt und ist heute vor allem an seinen schwarzerdeartigen Aueböden zu erkennen. Auf den etwas höher gelegenen, außer im W beiderseits vom Neckar überall sonst erhalten gebliebenen, älteren Flächen des Neckarschwemmfächers herrschen dagegen Parabraunerden vor. Alle diese Böden waren zuerst Aue- oder Auwaldböden gewesen, durch die Tieferlegung des Grundwasserspiegels und den Ausfall der vorher häufigen Überschwemmungen im Gefolge des Wiedereinschneidens vom Neckar und der entsprechend sich ändernden Vegetation konnten sie sich aber (verschieden lang und verschieden schnell) weiterentwickeln von semiterrestrischen zu terrestrischen Bodentypen.

In dieser Zeit muß auch mit den vorher frei beweglich gewesenen Dünen eine Veränderung vor sich gegangen sein. Auf den zunächst vegetationsfreien Sand- und Schotterflächen hatten sich "Sicheldünen" entwickelt, d.h. Dünen mit sichelförmigem Grundriß, deren Spitzen auf Grund ihrer geringeren Sandmenge vorneweg, die in der Mitte befindliche Hauptmasse dagegen hinterher wanderten. Mit dem Aufkommen einer dichteren Pflanzendecke wurden aber gerade die bisher leichter beweglich gewesenen Dünenspitzen zumindest in feuchteren Perioden zuerst von der Vegetation überwältigt und damit Stück für Stück festgelegt, während das wesentlich mehr Sand enthaltende Mittelstück der Düne noch längere Zeit weiterwandern konnte. Die Spitzen blieben also allmählich, oft in je einer feuchten Zeit entsprechenden, isolierten Buckeln zurück und die Grundrißform wurde sozusagen umgestülpt. Zuletzt wurde auch das mit der Zeit immer stärker geschwächte Mittelstück der Düne von der Vegetation überwältigt und damit festgelegt. Die so entstandenen "Parabeldünen" gibt es vor allem in zwei schönen Reihen von Mannheim-Feudenheim und von Viernheim an nach N. Da auch während dieser ganzen Entwicklung die Hauptwindrichtung etwa der heutigen entsprochen haben dürfte, zeigen die Spitzen aller Parabeldünen nach W und aus den einander genäherten Zentralstücken im E entstand der vor allem südlich vom Neckar oft wallartige Ostrand der Dünenketten.

Etwa 9.000 BP dürfte der Neckar dann während eines Hochwassers und/oder durch das Zusammentreffen zweier Prallhänge von Rhein und Neckar im Raum westlich Seckenheim direkt nach W durchgebrochen sein. Anschließend tieften sich beide Flüsse unter weiter fortdauerndem Hin- und Herpendeln und der Neubildung, Ausweitung und schließlichen Wiederabschneidung von Schlingen weiter ein und entsprechend entstanden allmählich die heutige Rheinaue und ein tiefer als der erste gelegener und auch kleinerer, zweiter Mündungstrichter vom Neckar (Südgrenze: Edingen - Seckenheim, Nordgrenze: Feudenheim - Mittelfeld nördlich Ilvesheim - Galgenwasen - Ladenburg) einschließlich der heutigen Neckaraue, an Rhein und Neckar mit vielen, je nach Alter verschieden hoch gelegenen Terrassenstücken, niedrigen Steilufern, leicht gewellten alten Gleithängen und Rinnenstücken. Viele dieser alten Flußrinnen verlandeten mit der Zeit oder wurden auch wieder durch jüngere unterschnitten, wodurch allmählich das heutige,

manchmal etwas verwirrende Bild entstand. Nordwestlich Ladenburg, beim ehemaligen Ort Zeilsheim, wurde sogar die Römerstraße noch vom Neckar unterschnitten und damit unterbrochen.
Während all dieser Vorgänge bildete sich an der Außengrenze der Aue das aus einzelnen Bogenstücken, Hochuferresten alter Rhein- und Neckarschlingen, zusammengesetzte heutige "Hochgestade" heraus als Anstieg zu den erhalten gebliebenen Teilen der Sand- und Schotterflächen. Gleichzeitig wurden große Teile der Aue von Rhein und Neckar durch die Hochwässer mit jungen Auelehmen überdeckt, soweit nicht wiederaufgearbeitete Sande und Schotter abgelagert wurden. Nebenbei wurde durch die bei allen Tieflandsflüssen mit Überschwemmungen, also auch bei Rhein und Neckar übliche, natürliche Uferdammbildung z.B. die Neckarmündung immer weiter nach N verlegt; man nennt das Mündungsverschleppung. Sie wanderte von Rheinau-Neckarau zunächst in das Gebiet direkt südlich des Stadtkerns von Mannheim, und schließlich nach dem Nordrand der diesen tragenden, inselartigen Erhebung in der Aue.
Die Rheinaue ist (abgesehen von der durch die Rheinkorrektion entstandenen, neuen Flußrinne) gekennzeichnet durch die verschieden stark gekrümmten und teilweise auch in mehrere Arme aufgelösten, großen Schlingen des früher noch als Wildfluß dahingezogenen Rheines und beiderseits davon durch mehr oder weniger deutlich erkennbare Reste älterer, später vom Rhein verlassener und deshalb allmählich verlandeter Flußrinnen. Zwischen diesen Rinnen liegen verschieden hohe, inselartige Erhebungen, meist alte Kies- und Sandbänke oder vom Rhein nicht wieder ganz ausgeräumte Teile der Sand- und Schotterflächen. Die deutlichste und relativ höchste dieser Erhebungen bildete den Ansatzpunkt für die Gründung von Dorf und später Festungsstadt Mannheim.
Zwischen Mannheim und Rheinau und bis zwischen Seckenheim und Feudenheim hindurch nach E in Richtung auf Ladenburg hat der Neckar die Aue gestaltet, im W zumindest umgestaltet, man spricht hier deshalb besser nur von der Neckaraue. Die alten Rinnen in ihr sind schmäler, die Schlingen entsprechend der viel geringeren Wassermenge vom Neckar kleiner. Westlich Seckenheim handelt es sich z.T. auch nur um bei Hochwässern benutzte, über den natürlichen, südlichen Uferdamm (auf dem z.B. der Ortskern von Seckenheim steht) hinwegführende Oberlaufrinnen. Auch steigt die Neckaraue nach E etwas stärker an als die Rheinaue nach S.
Die verschiedenen Hochgestade, beiderseits vom Rhein z.B. durchschnittlich 5 bis 10 m hoch und stellenweise recht steil, setzen sich vorwiegend aus ver-

schieden stark gekrümmten Bogenstücken zusammen, alten Außenkanten von Rhein- und östlich Mannheim auch von Neckarschlingen. Diese Hochgestade beiderseits der Rheinaue waren durch ihre weitgehende Hochwassersicherheit noch stärker als die inselartigen Erhebungen in der Aue selbst bevorzugte Ansatzpunkte für Siedlungen. Dasselbe gilt für die Ränder von alten Neckarschlingen oder vom heutigen Flußlauf (hier also gleichgültig, ob am stehenden oder am fließenden Wasser). Bedingt durch die fruchtbaren Böden im Bereich des Neckarschwemm- fächers entwickelten sich hier einige der wohl ältesten Siedlungen, darunter Lopodunum = Ladenburg.

Die Natur bot dem Menschen also vielfältige Möglichkeiten zur Ausnutzung ihrer Gegebenheiten, wenn sie auch immer wieder mit Risiken aufwartete (z.B. extreme Hochwässer, oder erneutes Loswandern von Dünen nach deren künstlicher Entwaldung, so wurden z.B. unter Dünen karolingische Münzen gefunden). Mit diesen Gefahren oder auf die Dauer ungenügenden Voraussetzungen (Sand- und Kiesböden) mußte der Mensch fertig werden, oder er unterlag, weshalb mancher alte Siedlungsplatz wieder aufgegeben werden mußte, vor allem in den Auen, aber auch auf der Niederterrasse abseits der Flüsse.

Südlich vom Neckarschwemmfächer liegen die Verhältnisse dann etwas anders. Die Gebirgsrandsenke wurde ja durch diesen Schwemmfächer nach N unterbrochen und damit der Weg für das von S kommende Wasser versperrt. Es mußte deshalb südlich davon seinen Weg zum Rhein finden und konnte es auch, da dieser bereits begonnen hatte, sich in die Niederterrasse einzuschneiden. Dies wiederum verminderte auch die vorher üblich gewesenen Oberläufe vom Hauptfluß in die Randsenke hinein. Die aus dem westlichen Kraichgau herauskommenden Bäche konnten dadurch in der Gebirgsrandsenke ihre Sedimentlast ablagern, diese Senke stückweise auffüllen und schließlich schräg über sie hinweg ihren Weg von SE nach NW zum Rhein finden. Im Bereich der früheren "Kinzig-Murg-Rinne" und der östlichen Teile der Niederterrasse entstanden dadurch längere Staustrecken, im Westteil der Niederterrasse Mäanderstrecken mit Mäandern in der Größenordnung der alten Nebenrinnen auf dem Neckarschwemmfächer.

Zur heutigen Vegetationsgliederung unseres Gebietes und zu deren geschichtlicher Entwicklung siehe die Zusammenfassung in meinen "Klima-, Boden- und Vegetationszonen der Erde" (Heid.geogr.Arb.53, "Beispielgebiet", S.28-4o).

Exkursion 8: (mit Pkw und zu Fuß kombiniert)
Heidelberg - Neckarschwemmfächer - Rhein-Niederterrasse - Rhein-Aue - Gebirgsrandsenke - Letzenberg.

Fahrtroute: von Heidelberg das südliche Neckarufer entlang, durch Wieblingen
1 und unter der Autobahn hindurch, dann gleich rechts in Richtung Neckar. Zurück
2,3 zur B 37 und diese querend in Richtung Plankstadt (unterwegs mehrere Halte),
4 dort gleich die erste Abzweigung nach rechts schräg zurück (Halt am Ortsende) in Richtung Grenzhof. Hinter diesem, am Friedhof, links ab in Richtung Friedrichsfeld, dabei die Bahn entlang bis zur Brücke, über diese hinweg, dann links und an der Durchgangsstraße wieder rechts in Richtung Seckenheim (unterwegs ein
5 Halt). Im Bereich der ersten Häuser zweimal rechts ab, an der kurz dahinter in Richtung Heidelberg folgenden Ampel links ab und gleich hinter der OEG-Strecke
6 nochmals links, hinunter zum Alt-Neckar (Halt). Zu Fuß zum Schloß-Bereich, der Kirche und der Neckarbrücke, an ihrer Ostseite hinunter zum Uferweg und zurück. Weiterfahrt den Neckar entlang in Richtung Neckarhausen bis zur Einmündung in die Hauptverkehrsstraße und rechts wieder zur Ampel. Dort zunächst in Richtung Mannheim, aber gleich links einordnen und auf kompliziertem, aber gut ausgeschildertem Weg wieder in Richtung Autobahneinfahrt Seckenheim. Bei Erreichen der Häuser noch vor der Einfahrt am Telephonhäuschen scharf rechts ab zum Friedhof
7 und dort rechtwinklig nach links in die Wälder (mehrere Halte). An der T-Ein-
8 mündung im Wald zunächst rechts ab bis zu den Parkplätzen am Waldrand, dann zurück und geradeaus weiter zur Straße Seckenheim-Schwetzingen, diese nach rechts
9 bis zum Parkplatz an der ersten Rechtskurve im Wald (Halt). Rundweg im Dünengebiet. Weiter in Richtung Schwetzingen, an der großen Ampelkreuzung am Ortsrand zunächst nach rechts, aber gleich wieder nach links ab nach und durch Brühl bis
1o vor Ketsch (Halt). In Ketsch dann Abzweig in Richtung Speyer-Altlußheim, hinun-
11 ter zum Parkplatz an der Festhalle. Rundweg über die Ketscher Insel. Weiterfahrt den Rhein entlang bis unter die große Rheinbrücke nach Speyer, dort knapp
12 davor rechts hinunter zum Rhein (Halt). Fahrt nach Altlußheim (Halt am Beginn
13-15 und am Ende des Ortes) und Rheinhausen, dort rechts durch den absperrbaren Hoch-
16 wasserdamm zum Rhein. Anschließend Fahrt über Oberhausen nach Waghäusel (Halt). Weiterfahrt das Hochgestade entlang nach Neulußheim, dort rechts ab in Richtung St.Leon und am Abzweig Reilingen geradeaus weiter bis zum Beginn des großen
17 Parkplatzes rechts der Straße (Waldrand; Halt gleich an seinem Anfang, kurzer
18 Rundweg). Weiter bis zum Feldweg direkt rechts am Ende der Baumschule (Halt).

Dann durch St.Leon und Roth in Richtung Malsch; kurz hinter der Ampelkreuzung
19 mit der B3 rechts Halt auf dem Landwirtschaftsweg. Weiter durch Malsch und
links ab nach Malschenberg. An der Bushaltestelle am Beginn des Ortes besteht
die Möglichkeit, einen schmalen Fahrweg mit Richtungspfeilen auf dem Asphalt
zum Parkplatz hinter der Letzenberg-Kapelle hinaufzufahren. Besser benutzt man
2o diesen nur bis hinter den 2.Wegeknick und parkt dort links neben dem Weg, man
hat es dann leichter, die verschiedenen Aussichtspunkte zu erreichen und dabei
nach und nach ein vollständiges Panorama zu gewinnen.   (bisher ca.8o km)

Von Heidelberg das südliche = linke Neckarufer bis nach Wieblingen fährt man
das Hochufer eines Prallhanges innerhalb des Neckarschwemmfächers entlang. Ab
der alten Gemarkungsgrenze von Bergheim, später Heidelberg gegen Wieblingen,
an ihr stehen Staumauer mit Wehrsteg und Laufkraftwerk, kann man den Neckarka-
nal jenseits vom Alt-Neckar auf dem anderen Ufer erkennen. Bis Wieblingen-Ost
bleibt der Flußeinschnitt in die große Neckarschwemmfächerfläche schmal (trotz
einer heute weitgehend verbauten, nach SW abzweigenden, früheren Flußrinne;
vergl.Karte 1 als Beilage). Das ändert sich erst in Wieblingen selbst, wie man
z.B. am Abfallen der Klostergasse und der weiteren Querstraßen nördlich davon
in Richtung Neckar erkennen kann.
1 Am nördlichen Ortsende fahren wir hinter der Autobahn ein Stück hinunter gegen
den Neckar zu, da an der Hauptstraße keine Parkmöglichkeit besteht.
Über der Autobahn ist das Gebirge vom Raum Schriesheim bis weit südlich Heidelberg erkennbar, unsere Aufmerksamkeit soll aber der näheren Umgebung gelten.
Wir befinden uns nämlich auf einem allmählich und in leichten Wellen zum Neckar
hin geneigten Gleithang der hier schon etwas breiteren, alten Neckaraue. Am
jenseitigen Ufer, dem zugehörigen Prallhang, endet mit Schleuse und Laufkraftwerk das erste Stück getrennten Neckar-Kanals unterhalb von Heidelberg. Er ver-
einigt sich hier wieder mit dem Alt-Neckar, und zwar bis unterhalb Ladenburg,
von wo bis fast nach Mannheim ein zweites Stück Kanal abseits vom natürlichen
Flußbett folgt, wodurch dort gleich die Ilvesheimer Schlinge abgeschnitten und
damit der Weg verkürzt wurde.
Auf demselben Prallhang wie die Schleuse liegt etwas weiter im NW der kleine
Ort Schwabenheim, der von Dossenheim aus und quer über die im Gelände noch als
flacher Damm erkennbare Römerstraße Heidelberg-Ladenburg erreichbar ist.
Nach dem Überqueren der Bundesstraße ist wenige Meter hinter dem Abzweig in
Richtung "Schwetzingen-Plankstadt" die Oberfläche des Neckarschwemmfächers er-
reicht. Gleich rechts hinter dieser Abzweigung, noch vor den ersten Gebüschen,

quert man etwa am Schild "Wasserschutzgebiet" eine alte, zum heutigen Neckar fast parallele Nebenrinne, wie links in den Feldern und rechts im Gärtnerei-gelände erkennbar ist (heute max. 2 m tief und wohl 5o m breit). Auch jenseits der Brücke über die OEG-Strecke bleibt das Gelände im Halbmeterbereich leicht gewellt.

2 Hinter der zweiten Abzweigung mit dem Schild "Schwetzingen-Plankstadt", dem wir wieder folgen, halten wir kurz auf der Zufahrt zu den Aussiedlerhöfen am Schild "Treiberhof". Die Oberfläche des Neckarschwemmfächers ist hier fast tischeben (von den Veränderungen durch Verkehrsbauten abgesehen).
Die Fahrt führt uns anschließend über zwei Brücken (über Autobahn und Eisenbahn), zwischen denen rechts das Heidelberger Wasserwerk Rauschen sichtbar wird, in Richtung Plankstadt. Wenig später wird die Landschaft wieder etwas wellig. Bald zieht im "Lisgewann" von Eppelheim her eine alte Neckarrinne

3 ("Hohenlauf") quer durch. Die einzige Parkmöglichkeit besteht auf einem Feldweg rechts der Straße am Südrand der Rinne, etwa 1oo m vor der 2.Hochspannungsstrecke.
Bis Plankstadt bleibt das Gelände leicht wellig, zuletzt etwa parallel zur Straße, deren mit "Querrillen"(Schild) besetzte rechte Fahrbahn auf weichen, nicht genügend stabilen Untergrund schließen läßt.

4 Links der Straße in Richtung Grenzhof wird, noch in Plankstadt, eine tiefe alte Flußrinne erkennbar (größter Höhenunterschied rund 5 m) zwischen den Gewannen "Jungholz" im W und "Altholz" im E. Es ist die Fortsetzung vom oben erwähnten "Hohenlauf", mit gleicher Größenordnung von Breite und Tiefe wie dort westlich der Straße.
Der weitere Verlauf der Straße folgt ihrem östlichen Rand, dann wird an einer weniger tiefen Stelle die Rinne gequert. Das Gelände bleibt bis um den Grenzhof wellig, erst nordwestlich davon ist ein größeres Stück tischeben.
Hinter dem Abzweig nach links sieht man bald die Kiesgruben, die von LÜSCHER genauer untersucht wurden. Die linke ist noch in Betrieb, die rechte z.Zt. fast aufgefüllt und großenteils rekultiviert, die hintere und älteste längst aufgeforstet ohne vorherige Auffüllung und deshalb eingezäunt. Aus dem in Betrieb befindlichen Bereich läßt sich folgendes Profil als "normal" bezeichnen: Oben über 1 m Schwemmlöß mit ziemlich mächtiger Bodenbildung, darunter eine dünnere sandig-tonige Lage mit Andeutungen von Würgeböden (und relativ großen Hell-Dunkel-Unterschieden), dann mächtige Bänke von "Plattl-Schottern" vom Neckar (mit überwiegend Jurakalk-"Plattln" und dazu Buntsandstein, Trochiten-

kalk, gelegentlich auch Granit; die Plattln werden bis um 5 cm groß, die anderen Bestandteile bis doppelfaustgroß, gelegentlich auch wesentlich größer) und zwischengelagerten Sanden, z.T. mit Delta-Schichtung. Ab und zu sind auch kleine alte Rinnen erkennbar, die längst wieder verfüllt wurden (noch vor der Schwemmlößablagerung). Im westlichen Teil waren die Profile meist stärker gegliedert, sie sind aber nicht mehr zugänglich (mehr darüber s.LÜSCHER).

Bei der Weiterfahrt, vor allem im Bereich der Aussiedlerhöfe, kann man das alte Oberflächenprofil gut an den Wellen im Straßenverlauf erkennen. Hier werden wieder flache, alte Rinnen gequert. Der Friedhof Friedrichsfeld scheint auf einer Sandinsel zu liegen, dahinter und links die Bahn entlang ist wieder alles flacher, vielleicht aber auch beim Bahnbau verändert.

5 Erst am Hinweisschild "Polizei - Rotes Kreuz" hinter der Autobahn lohnt es, zu halten; vorher ist alles zu stark verändert (Industriegelände usw.). Rechts der Straße liegt hier die "Langlach"-Rinne, die bogenförmig von E über S heranzieht. Mit ihr beginnt die ältere Neckaraue, die noch zum "Bergstraßen-Neckar" gehörte. Nach N zu wird sogar ein Stück der Rinne von der Straße benutzt, die erst wieder hinter der nächsten Ampelkreuzung auf die alte Schwemmfächerfläche im Übergang zur Rhein-Niederterrasse hinaufsteigt. Hier reicht ein Sporn der Sand- und Schotterflächen weit nach N (s.später). Zweimal kurz hintereinander rechts und zweimal links abzweigend erreichen wir im weiteren Verlauf unserer Exkursion den Alt-Neckar östlich von Seckenheim.

6 Zu Fuß spazieren wir durch kleine Parkanlagen, an der Schloß-Gaststätte vorbei zur Kirche und rechts von ihr zu einem von altem Gemäuer und einigen alten Fachwerkhäuschen gerahmten Platz. Links an der Kirche vorbei gelangen wir zur Brücke, dabei den alten Heumarkt berührend. Von der Brücke nach W erkennen wir auf einem natürlichen, alten Uferwall vom Neckar, zusätzlich gestützt von einer hohen Mauer, die Scheunen von Seckenheim als Rückfront des Ortes. Davor liegt das Hochwasserbett des Neckars und am jenseitigen Ufer eine künstliche Wall-Sicherung gegen Hochwässer. Ein ähnlicher Blick bietet sich uns nach E, er reicht bis zum Gebirge, wird aber seit einigen Jahren durch eine Baumaschinen-Halde verschandelt, an welcher wir parken. Als Rückweg benutzen wir die Treppe direkt östlich der Brücke und den Uferweg. An den hohen Mauern über dem Weg gibt es u.a.Linaria cymbalaria. Später sind am anderen Ufer die jungen Kiesbänke beachtenswert, also am Gleithang gelegen. "Bruch" jenseits und das "Wörthfeld" diesseits vom Fluß gehören bereits zur Rhein-Neckar-Aue, also zum jüngeren Auentrichter im Neckarschwemmfächer.

Wir fahren zunächst rechts das jüngste Hochufer innerhalb der jüngeren Aue entlang und dann über den N-Teil des Wörthfeldes zur Straße Neckarhausen-Mannheim zurück. Die Besichtigung der östlich davon gelegenen und in Auffüllung befindlichen Grübe Knödler lohnt kaum mehr (Ergebnisse aus den letzten Jahren siehe bei LÜSCHER).
Nach der Zickzackfahrt zurück in Richtung Autobahn, Friedhof Seckenheim und
7 über die Autobahn weg in Richtung SSW halten wir auf den Parkplätzen beim Reitgelände am Beginn der Wälder.
Wenige Schritte westlich der Straße ist ein niedriger Steilabfall erkennbar. Bei ihm handelt es sich um einen alten Neckar-Prallhang, der das Seckenheimer "Mittelfeld" in weitem Bogen südlich umgrenzt. Das Mittelfeld gehört noch zur oberen der beiden in den Neckarschwemmfächer eingetieften Auen.
Die Fahrt führt anschließend durch die Dünengebiete auf der Niederterrasse im Bereich des Dossenwaldes nach S und SW. Der nächste Haltepunkt liegt am Wald-
8 rand (Parkplätze) zwischen "Brunnenfeld" und "Oberer Hall" südöstlich vom 1o.000 m³ fassenden Speicher des Wasserwerkes und vom Schalthaus des Großkraftwerkes Mannheim-Rheinau mit Blick nach W.
Durch Teile der "Oberen Hall" und der nach N anschließenden "Unteren Hall" verläuft inzwischen, erkennbar nur an einem flachen Sandrücken, ein Teil der aus Umweltschutzgründen hier als Tunnelstrecke gebauten neuen Schnellbahntrasse Mannheim-Stuttgart. Der auf den Karten meist noch als Straße verzeichnete "Hallerweg" ist für den Verkehr gesperrt. Die "Hall" war früher ein flacher, landwirtschaftlich genutzter, schmaler Streifen zwischen den beiden N-S-verlaufenden Dünenzügen dieses Gebietes. Die westliche Kette endet im N in der "Hochstädt" südwestlich Seckenheim, die östliche beim bereits besuchten Reitgelände, zwischen beiden liegt der Hauptteil vom Mittelfeld (s.o.), etwa 2 m tiefer als das Nordende der westlich vorbeiführenden "Hall".
Die zum Wasserwerk gehörigen Tiefbrunnen verstecken sich vor allem südlich bis südöstlich von unserem Standort im Wald und mußten vor dem Bau der jetzt westlich durchlaufenden Autobahn z.T. weiter nach E verlegt werden, um nicht (vom Grundwasser aus gesehen) stromabwärts von dieser zu liegen.
Wir fahren zurück und bis zur Straße Friedrichsfeld-Schwetzingen und diese nach rechts weiter. Kurz hinter der bei feuchtem Wetter etwas gefährlichen Linkskurve queren wir eine erste flache Rinne, jeweils vor und hinter den Aussiedlerhöfen (an welchen wir schon östlich vorbeikamen) je eine weitere. Eine besonders deutliche versteckt sich dann links im "Grenzhöfer Wald" schräg ge-

genüber von unserem Parkplatz am Beginn des alten Edingerriedweges zu den alten
Gemarkungsteilen von Edingen am Rhein zwischen Rheinau und Brühl und der Zufahrt
zum früheren Versuchsgelände für Hochspannungstechnik. Beim Bau der Autobahn
westlich davon wurde letztere als Rollbahn zum Sandtransport von den deshalb
inzwischen verschwundenen Dünen östlich vom weiteren Straßenverlauf in Richtung
Schwetzingen benutzt. In dem früheren Dünengelände dort, jetzt völlig eben, entstanden inzwischen Schrebergarten-Kolonien.

9 Vom Parkplatz rechts der Straße geht es zu Fuß (insgesamt etwa 1 St.) zunächst
den östlichen Dünenkamm entlang nach N bis NW. Der größte Höhenunterschied zu
den östlich anschließenden, rinnen-durchsetzten Bereichen am Westrand des Nek-
karschwemmfächers beträgt dabei etwa 15 m. Der Anstieg von W = Luv erfolgt allmählich und etwas gebuckelt, der Abfall nach E = Lee ist dagegen steil, und darunter folgt ein vernäßter, meist noch bewaldeter Streifen, deutlich Reste einer
vor der Dünenkette früher entstandenen Sammelrinne für Neckar-Hochwässer (auf
einen Durchbruch durch die Dünenkette stoßen wir noch).
Die Zusammensetzung der einigermaßen natürlichen Waldstreifen außerhalb der
monotonen Kiefernpflanzungen ist sehr reich, das betrifft die Baum- und Strauchschicht ebenso wie die Feldschicht darunter. Diese enthält selbst "Steppenhei-
de-Elemente".
Nach Querung einer asphaltierten Waldstraße erreichen wir schließlich eine
Blockhütte mit schöner Aussicht nach E. Den Hintergrund bildet der Odenwald
etwa von Weinheim im N bis über Heidelberg hinaus nach S (vergl.z.B. die Abb.
13 und 17), besonders gut erkennbar sind dabei die Königstuhlscholle und deren
"Vorstaffel" mit ihrem allmählichen Einfallen nach S.
Im Vordergrund = "Neurott" sind in den Feldern wieder deutliche Rinnenreste erkennbar und dahinter die normale Oberfläche des Neckarschwemmfächers, über die
wir schon vor und hinter den Aussiedlerhöfen gefahren waren. Links am Waldrand
und bis zu den hohen Starkstromleitungsmasten kann man dann erkennen, daß die
Rinnen gelegentlich auch zwischen den Dünen hindurch weiter nach W führten. Dabei bildete sich im Durchbruch durch die Dünenkette ein heute noch bis 7 m tiefer, langgezogener Kolk, inzwischen mit prachtvollen Eschen und dichtem Unterwuchs bestanden. Nach W verläuft er sich dann allmählich, wie wir gleich noch
sehen werden. Es handelt sich also wohl um einen Durchbruchsweg für extreme
Hochwässer, die sich dann in den Sandgebieten verlaufen konnten.
Auf den Dünen nördlich des Kolkes sind noch einige alte, relativ zu anderen und
gleichaltrigen niedrigere "Dünenkiefern" erhalten. Die schönsten gibt es aller-

dings im von uns nicht besuchten Sandhausener Dünengebiet (NSG) hinter der Hopfenpflückmaschine und dem Holzlagerplatz an der Kreuzung der Umgehungsstraße nach Walldorf mit der Straße Sandhausen - St.Ilgen/Nußloch.
Wir gehen den Waldrand noch bis hinter den Kolk entlang und dann links und wieder links. Am "Kühbrunnen" dort steht eine Hinweistafel u.a. auf die Gründung Friedrichsfelds durch die Hugenotten, erst später wurde es "Eisenbahnerdorf".
Dahinter erreichen wir das moderne Brunnenfeld des Wasserwerkes Mannheim-SE = Rheinau, von dem schon oben die Rede war.

Auf dem Rückweg kann man wieder zur Blockhütte zurückgehen (links quer durch den Wald, z.B. den Waldlehrpfad entlang), oder verschiedene Wege in Richtung S benutzen und dann dem an seinem welligen Verlauf erkennbaren Edingerriedweg nach links zum Parkplatz folgen, oder auch weite Spaziergänge im übrigen Waldgebiet bis hin zur Autobahn und der Schnellbahntrasse unternehmen.

Etwa am Ortsende von Brühl besteht die Möglichkeit, rechts in die Rheinaue hinunterzufahren bis zur Rheinfähre und der gegenüberliegenden Kollerinsel. Auf unserer Rheinseite führt nach N ein Uferweg entlang. Rechts = östlich von ihm gibt es noch Stücke typischer, alter "Weichholzaue" und am Ende des breiten Weges die wohl schönsten, alten "Tropfweiden" der weiteren Umgebung (ab hier vergl.auch das Luftbild S.29 im 1.Band der Kreisbeschreibung).

1o Kurz vor Ketsch gibt es an der breiten Ausmündung eines Fahrradweges eine Haltemöglichkeit. Man steht dort direkt am Hochgestade des erst durch die Rheinkorrektion abgetrennten Ketscher Altrheins, etwa an der früheren Einmündung einer alten Leimbachrinne, der südlichsten der tieferen davon (s.Karte 1 als Beilage).

11 Vom Parkplatz an der Festhalle von Ketsch führt uns eine gut einstündige Wanderung auf und über die durch die TULLAsche Rheinkorrektion entstandene "Ketscher Insel" (vergl.das obengenannte Luftbild).
Vom ersten Drittel der Fußgängerbrücke über den Altrhein aus sehen wir vor allem nach rechts (NE) gut auf den Altrhein mit seinen weidenbestandenen Ufern und dahinter auf den langen, 8-1o m hohen Prallhang, den uns die Straße vorher entlangführte. Der Ort Ketsch selbst liegt auf einem Vorsprung dieses "Hochgestades" an der Verschneidungsstelle zweier verschieden alter Prallhänge des Rheines, während Brühl an der jüngsten Ausmündung des Leimbaches in die Rheinaue sich entwickelte. Der ältere, südliche Prallhang von Ketsch trägt heute die Häuserzeile, die jenseits der Uferstraße und des Festhallengeländes gerade noch durch die Bäume erkennbar ist.

Der erste Geländestreifen jenseits der Brücke mit seinen dort gepflanzten, alten Pappeln, auch erkennbar an der Verbreitung der gelben Sumpfschwertlilie, gehört noch zum alten Rheinbett. Wenige 1oo m nördlich unseres Standortes ist davon nur noch ein schmaler Randstreifen zum Altrhein hin erhalten und der Rest auf rund 2 km Länge ausgebaggert (Kiesgrube, s.Luftbild). Auf dem inneren Begleitdamm für den Altrhein (hier brauchte der Mensch nicht viel nachzuhelfen) führt unser Weg etwa 5o m nach rechts = NE und dann vor dem Wildschweingatter nach links. In den Gehegen ist die Baum- und z.T. auch die Strauchschicht der "Hartholzaue" erhalten, der früher reiche Unterwuchs aber verständlicherweise weitgehend zerstört.

Am Ende der SW-Kante der Gehege gehen wir etwa geradeaus weiter und nicht die Forststraße schräg rechts entlang, über die wir später zurückkehren werden. Der immer weniger gestörte Unterwuchs wird hier immer reicher. Bald werden rechts vom Weg die ersten tau- bis seilbündel-ähnlichen Lianenstämme (Clematis = Waldrebe) sichtbar, während anderswo außer Efeu auch wilder Hopfen und Jelängerjelieber, also fast die vollständige "Versammlung" unserer einheimischen Lianen, auftreten.

An der nächsten Wegegabelung geradeaus weiter, nicht nach rechts, steigt der vorher leicht abgefallene Weg wieder etwas an (jeweils nur etwa 1/2 m) und bleibt auch weiterhin wellig im Verlauf. Wir queren hier nämlich neben dem Weg jeweils noch besser erkennbare, schräg zum Weg verlaufende Bodenwellen = alte innere Rheinuferwälle. Immer wieder tauchen auch neue, z.T. seltene Pflanzen auf, weshalb hier ja auch ein Naturschutzgebiet eingerichtet wurde. Sobald man auf das Wiesengelände zwischen zwei weiteren Wällen stößt führt unser Weg etwa 1o m nach links versetzt durch diese Wiesen weiter zum Rhein. Man kann auch vor dem heutigen Hochwasserdamm nach rechts abbiegen bis zum nächsten Querweg, der "Schwetzinger Allee", deren Beginn vom Uferdamm aus leicht zu übersehen ist (dort zwischen den Schildern III 8 und III 9 Rheinwald beginnend).

Das heutige, blockbewehrte Rheinufer wird hier z.T. von mächtigen Eichen gesäumt, während sonst an ihm alte Pappeln vorherrschen.

Auf dem Rückweg sehen wir vor allem rechts teilweise noch Reste richtiger "Clematis-Dschungel", hinter dem 2.Querweg besonders links große Bestände vom Winterschachtelhalm, einer unverzweigten Schachtelhalm-Art. Die 4.Abzweigung schräg nach rechts führt uns zum Ausgangspunkt zurück.

Zu Details über die Pflanzensoziologie des Gebietes verweise ich auf Karte und Erläuterungen von PHILIPPI (Blatt 6617 Schwetzingen 1:25.000).

Auf der Weiterfahrt die Dammuferstraße entlang befinden wir uns ganz in der Rheinaue, das Hochgestade weicht links immer weiter zurück in Richtung Hockenheim. Die Geschichte dieser Auen ist recht kompliziert, wie schon die Flurnamen mit den Endungen -wiesen, -au, -lach und -see andeuten. Nur im Südteil, zwischen Speyer und Hockenheim, taucht mehrmals die Endung -gewann auf.
Wir fahren zunächst den Altrhein entlang, an dem "Pfalzwörth" genannten Teil der Aue vorbei zum heutigen Rhein. Bald taucht im Hintergrund der Dom zu Speyer über dem Uferwaldstreifen auf. Recht interessant (ob aber auch in die Landschaft passend ?) ist die Konstruktion der neuen Autobahnbrücke über den Rhein.

12 Ganz kurz vor der früheren Eisenbahn-, heute Straßenbrücke über den Rhein fahren wir an dessen Ufer hinunter. Hier gibt es auch noch recht gut erhaltene, alte Tropfweidenbestände, vor allem südlich der Brücke, wo auch noch schmale Altwässer erhalten sind. Doch beachten wir zunächst einmal die Rheinschotter am Flußufer, bei niedrigem Wasserstand auch die dann sichtbar werdenden Kiesbänke unseres Gleitufers. Außer uns bereits bekannten Schotteranteilen bestehen sie vor allem aus alpinen Hartgesteinen in meist 2, aber auch bis 5 cm Größe. Neben verschiedenen anderen, während der Alpenfaltung "gequälten" und später wieder "verheilten" Gesteinen sind vor allem die dunkel-rotbraunen Radiolarien-Hornsteine typisch, die interessanterweise überwiegend aus dem Wallis stammen und, vom Rhône-Gletscher bis in das heutige Aare-Einzugsgebiet transportiert, dann auch den Weg zum Rhein fanden.
Speyer am jenseitigen Ufer liegt auf dem dortigen Hochgestade, der Dom (ähnlich dem Ort Ketsch) auf einem Sporn zwischen alten Prallhängen. Die Landschaft dahinter ist allerdings viel komplizierter aufgebaut als die Seite rechts vom Rhein mit ihrer klaren Gliederung in Rheinaue, Hochgestade und Niederterrasse = Sand- und Schotterflächen (die Fortsetzung dieser Formen südlich vom Neckarschwemmfächer nach E werden wir im weiteren Verlauf der Exkursion noch kennen lernen).
Zurück zur Uferstraße die "Kaiserstraße" entlang sehen wir bis zum Ortsschild Altlußheim rechts zunächst Wiesen und dahinter überall noch erhaltene Auwälder

13 und Altwässer. Direkt hinter dem Ortsschild liegt rechts ein Parkplatz (Halt). Hier erreicht das Hochgestade der Niederterrasse von Hockenheim herkommend wieder den Rhein, und Altlußheim liegt direkt auf dem nach S anschließenden, nächsten Prallhang auf einer nur wenige Meter hohen Böschung. Zwischen dem Ort und dem Rhein liegt das "Niederfeld", das leicht auf den Prallhang zu ansteigt.
Im Ort selbst biegen wir rechts ab in Richtung Rheinhausen und verlassen bei den

14 letzten Häusern wieder die Niederterrasse hinunter in die Aue. Der Kriegsbach verläuft hier den weit nach SE ausgreifenden, nächsten Prallhang entlang auf uns zu. Das Hochwasserbett des Baches wird von der Straße gequert, die durch eine (notfalls hoffentlich versperrbare) Lücke im südlichen Damm weiterführt. Wenig weiter gibt es eine große Kies-Verladestation, von welcher mit Schiffen antransportierter Rheinkies zu den Verbrauchern per Lkw weitergeleitet werden kann. An der Größe der Kiesbestandteile kann man ablesen, daß hier vor allem Kies von rheinaufwärts herangeschafft wird.

15 In Rheinhausen erreichen wir durch den hier deutlich erkennbar versperrbaren Uferdamm letztmals auf unserer Exkursion den Rhein. Eine Fähre führt hinüber nach Speyer.
Durch Rheinhausen und die Felder dahinter fahren wir nach S weiter und erreichen an der Kapelle wieder einen Sporn der Niederterrasse ("Wingertsgewann"). Die Straße durch Oberhausen folgt bis kurz vor Philippsburg dem Hochgestade. Wir biegen aber noch in Oberhausen ab nach Waghäusel, bekannt durch seine

16 Wallfahrtskirche und vor allem die dahinter alles überragende Zuckerfabrik. Bei der Weiterfahrt nach NE und später N in Richtung "Mannheim", für uns Neulußheim, liegt links der Straße die weite (Rhein-)Aue mit "Klosterwasen", "Grabenstücke" und "im Bruch". Im Vorbeifahren bekommt man alle Probleme dieses Gebietes mit: Im S planierte Zuckerfabriks-Abfälle, dann folgen weite, schilfbestandene Feuchtgebiete natürlicher bis anthropogener Entstehung, im N ist der Kiesabbau noch aktiv. Straße und Eisenbahn daneben verlaufen auf dem Hochgestade, dem Westrand der Niederterrasse mit ihren Wäldern.
Im "Eichelgarten" südlich vom Kriegsbach, den wir schon einmal südlich Altlußheim querten, biegt das Hochgestade wieder nach dort ab. Wir fahren aber durch das "Altreut" genannte Gebiet nördlich vom Kriegsbach nach Neulußheim und dort rechts ab über den schienengleichen Bahnübergang in Richtung St.Leon - Malsch. Im "Neufeld" gleich rechts hinter der Bahn gibt es eine alte Rinne vom Kriegsbach. Links etwa parallel zur Straße verläuft in einigem Abstand eine alte Nebenrinne vom Kraichbach, nochmals nördlich folgt dessen breite und sehr gewundene Hauptrinne zwischen Neulußheim, Hockenheim und Reilingen, das zwischen zweien dieser Mäander auf der Niederterrasse liegt.
Wir fahren an der Abzweigung nach Reilingen vorbei geradeaus weiter und halten

17 dann am Beginn des langen Parkplatzes rechts der Straße. Einige Meter zurück gibt es auf der anderen Straßenseite einen sandigen Feldweg nach N durch eine schmale Nebenrinne hinüber zum bewaldeten Adamsbühl und der nördlich davon

recht breit und aufgestaut wirkenden, offenen Kraichbach-Niederung. Dieser Aufstau könnte durch junge Tektonik bedingt sein, vielleicht ist es auch einfach eine Auswirkung des leichten Anstieges der (im Querprofil bekanntlich leicht gewölbten) Rhein-Niederterrasse. In den Wäldern südlich der Straße verstecken sich der alte Speyerer Weg und vor und hinter ihm noch kleinere Rinnen.
Vor allem nördlich der Straße ist das Herkunftsgebiet des die Oberfläche bildenden Sandes deutlich an seiner Beschaffenheit erkennbar. Es dürften überwiegend Keupersande aus dem Kraichgau sein und nicht Buntsandstein- oder Kristallinsande aus der ehemaligen Kinzig-Murg-Rinne und damit dem Schwarzwald. Ähnlich wie auf dem Neckarschwemmfächer ist zuletzt also Lokalmaterial quer über die "Gebirgsrandsenke" hierher transportiert worden, wohl zu einer Zeit, als der Rhein sich bereits wieder einzuschneiden begonnen hatte, also nach Verlassen der großen Zungenbecken (heute z.T. entsprechend den Alpenrandseen) durch das Eis.

18 Hinter der Baumschule rechts halten wir kurz auf dem Feldweg und gehen etwa 1oo m auf diesem nach S. Von dort haben wir nach E eine relativ gute Übersicht (eine bessere mit Haltemöglichkeit gibt es leider nicht mehr) über den östlichen Teil der Niederterrasse und die in sie flach eingesenkte und recht kompliziert aus Engstrecken und weiten Mäanderflächen dazwischen zusammengesetzte Kraichbach-Niederung nördlich St.Leon, und auf die Wälder auf dem östlichen Rand der Sand- und Schotterflächen und in der folgenden "Gebirgsrandsenke" südlich von Wiesloch, wo sie besonders schmal entwickelt ist. Im Hintergrund sind gut sichtbar die nach S abdachende Königstuhlscholle und der "Kleine Odenwald" südlich vom Neckar, sowie deren morphologische Fortsetzung bis an den Fuß der z.T. doppelt entwickelten, teils mit Wein, teils mit Wald bestandenen Keuperstufe um Malschenberg (siehe auch die Aussichtspunkte am Letzenberg am Schluß dieser Exkursion).
Durch St.Leon fahren wir weiter in Richtung Roth und Malsch und haben dabei immer wieder den Ostrand des Oberrheingrabens von Heidelberg an nach S vor uns, ganz hinten rechts auch schon die Flexurstufe am Ostrand der "Langenbrückener Senke" (zu dieser s. ROGER und meine Karte 2 im Anhang).
Beiderseits der Bahnlinie queren wir auf der hoch aufgeschütteten Straße die bewaldete Gebirgsrandsenke. Sie ist lange Zeit im Jahr sofort an dem knoblauchähnlichen Geruch des Bärenlauchs erkennbar (zur Vegetation siehe OBERDORFER und die kurze Zusammenfassung in ZIENERT 1979, S.31).
Noch vor der Ampelkreuzung unserer Straße mit der B3 überfahren wir die "Haupt-

verwerfung" am Westrand des Kraichgaus, die hier morphologisch oft nur wenige
19 Meter hoch erkennbar ist. Halten können wir erst auf der breiten Einfahrt zu
den Landwirtschaftswegen hinter der Kreuzung in Richtung Malsch, um im Rückblick das während der Fahrt nur schnell vorbeigeglittene Gebiet der Gebirgsrandsenke und der Hauptverwerfung zu übersehen.
Es folgt die interessante Fahrt durch den malerischen Weinort Malsch am Fuß
des Letzenberges. Der Ort mit seinen vielen Einkehrmöglichkeiten ist eine Besichtigung wert, doch sollte diese besser erst nach dem Ende der Exkursion
mit den Aussichtspunkten vom Letzenberg geschehen, sonst könnte sich ein vorzeitiges "wirtschaftsgeographisches" Ende ergeben.
20 Auf dem Weg vom Ortsbeginn von Malschenberg aus gehen wir am 3.Knick des Fahrweges nicht gleich dem Pfeil nach, sondern zuerst ein Stück weiter nach S in
die Weinberge hinein, dort haben wir gute Sicht vor allem nach S. Rechts erkennt man die Wälder auf den schweren Schwarz-(Lias-) und Braunjura-(Dogger-)
Böden vor allem der tiefergelegenen Teile der "Langenbrückener Senke", die
nach links, an unserem Standort vorbei, ansteigt bis um Rettigheim. Dahinter
erhebt sich von Ubstadt ganz im SSW bis um Oestringen im SE die meist offene,
aber nur noch mit wenigen Weinparzellen besetzte Flexurstufe am Ostrand der
Langenbrückener Senke etwa in der Fortsetzung der Hauptverwerfungsrichtung
vom Kaiserstuhl bis um Bruchsal. Über dieser Flexurstufe, man könnte es auch
eine Flexurbruchstufe nennen (Verwerfungen sind beteiligt), erkennt man große
Teile der "Kraichgaufläche", hier im Unteren Keuper (Lettenkohlen-Keuper) und
im Gipskeuper (unterste Partie des Mittleren Keupers) ausgebildet, östlich der
Letzenberg-Stufe nach N aber bis in den Oberen Buntsandstein reichend. Westlich der Elsenz ist jedenfalls keine "Muschelkalkstufe" erkennbar, leichte Ansätze dazu vielleicht im Löß versteckt, der im nördlichen Kraichgau bis fast
30 m mächtig werden kann (nach Bohrungen vom Geologischen Landesamt).
Im Vordergrund und auf unseren Standort zu steigt die Landoberfläche stark an,
noch stärker allerdings die Schichten. Auf diesen südexponierten Hängen dominiert der Weinbau, besonders beiderseits und oberhalb von Malsch.
Kaum 100 Schritte weiter oben auf dem Fahrweg öffnet sich der Blick nach NE bis
SE. Die Königstuhlabdachung verschmilzt östlich Wiesloch mit den nordwestlichen
Teilen der Kraichgaufläche, die dann bis an den Fuß der Keuperstufe, auf der
wir stehen, heranreicht, während die Rückseitenfläche der Stufe recht steil in
die Langenbrückener Senke abfällt. Vom Galgenbuckel (249 m MH) an nach SE gibt
es auf den höchsten Teilen der Stufe auch etwas Wald.

Von den deutlich erkennbaren, übereinanderliegenden Schichtstufen, fast könnte man es auch Schichtkämme nennen, wird die untere durch den Schilfsandstein und die obere durch den Kieselsandstein aus dem Mittleren Keuper gebildet. Durch die steile Schichtlagerung streichen hier auf recht kurze Entfernung alle Abschnitte des Keupers und Teile vom Lias "in die Luft aus". Jenseits der großen Flexurstufe am Ostrand der Langenbrückener Senke werden immer weitere Teile der Kraichgaufläche und darüber ein vom übrigen Verbreitungsgebiet abgetrennter Zeugenberg aus Keupersandsteinen, der Eichelberg, erkennbar.

Am 4.Wegeknick wird die Sicht nach N noch freier. Über Malschenberg sind die Gebirgsrandsenke und der Südteil der Bergstraße, sowie der Odenwald vom Ölberg bei Schriesheim bis um Eberbach zu übersehen. Außerdem schließt das Teilpanorama vom vorigen Standort nach rechts an.

Über den 5.Knick des Weges gehen wir ein Stück geradeaus durch die Weinberge weiter bis zu einer weinfreien Parzelle, von der aus wir dann auch direkt das letzte Stück zum Letzenberg (244 m MH) hinaufgehen können. Von dieser Gras-Parzelle aus hat man die beste Übersicht von NW über E bis SW, also den Odenwald und seine Südabdachung (s.ZIENERT 1957), die Gebiete beiderseits der Keuperstufe, die "Langenbrückener Senke" und ihre Ostrandflexur, sowie die dortigen Teile der "Kraichgaufläche" und den Eichelberg, auch diese Gebiete leicht nach SW abdachend. Um Bruchsal ist die Randbruchstufe an der "Hauptverwerfung" zur Oberrheinebene wieder etwas höher erhalten. Bei besonders guter Sicht wird weit dahinter noch die Nordrandflexur des Nördlichen Schwarzwaldes aus dem Raum östlich von Pforzheim bis vor zur Ebene sichtbar, und ganz hinten die Berge um die Hornisgrinde (zum Schwarzwald s. ZIENERT 1961).

Einen letzten Aussichtspunkt können wir noch am Parkplatz südlich der Letzenberg-Wallfahrtskapelle finden. Von dort aus kann man besonders gut den teilweise sehr niedrigen Rand zwischen Langenbrückener Senke und Oberrheinebene übersehen und vor allem das Gebiet um Bruchsal.

Schließlich wird manchem Besucher noch der oft rege Segelflugbetrieb in der, oder besser über der Langenbrückener Senke aufgefallen sein, der wohl zwei verschiedene Gründe hat, einmal die schwer bearbeitbaren und oft "kalten" Lias- und Dogger-Böden (und damit niedrige Bodenpreise), zum anderenmal die Tatsache, daß die Langenbrückener Senke bei westlichen Winden wie ein Halbtrichter wirkt und es deshalb leichter Auftrieb gibt.

SCHLUSSBETRACHTUNG

Für Heidelberg und Umgebung gibt es sehr viele Publikationen. Eine auch nur einigermaßen vollständige Aufzählung würde vermutlich einen eigenen Band füllen. Nur einige der wichtigsten, den engeren Raum betreffenden Veröffentlichungen aus verschiedenen Fachgebieten können hier genannt werden (Autoren-Namen mit "s." davor "siehe" Schrifttum), dort findet man auch das ältere Schrifttum verzeichnet. Es sollen nur einige Anregungen gegeben werden, weshalb auch z.B. sonst weniger bekannte Lokalführer aufgezählt werden. Die brauchbarsten Karten sind im Anschluß an die Liste des zitierten Schrifttums aufgeführt.

zur Geologie: s. ROGER + "Aufschluß" + geol.Karten; zum Pleistocän der Oberrheinebene als Exponenten der beiden "Schulen": s. BARTZ + SCHNEIDER, außerdem: BARTZ,J.: Zur Gliederung des Pleistozäns im Oberrheingebiet. - Z.dt.geol.Ges.111, S.653-661, 1959

zur Bodenkunde: s. STREMME + Bodenkarten

zur Geomorphologie:
Oberrheinebene, linksrheinischer Teil:
STÄBLEIN,G.: Reliefgenerationen der Vorderpfalz. Würzb.geogr.Arb.23, 1968
-,-: Zur Frage morphologischer Spuren arider Klimaphasen im Oberrheingebiet. - Z.Geomorph.Suppl.15, S.66-86, 1972
Oberrheinebene, rechtsrheinischer Teil: s. ZIENERT 1964+1966 + LÜSCHER
Odenwald: s. ZIENERT 1957 + GRAUL 1977; + BRAUN + GEIGER + EICHLER
Kraichgau: s. K.G.SCHMIDT + KOLB + OLBERT (von S nach NE geordnet)
Nordschwarzwald: s. ZIENERT 1961 + 1967

zum Lokalklima:
FEZER,F. & SEITZ,R.(Hsg.): Klimatologische Untersuchungen im Rhein-Neckar-Raum. Heid.geogr.Arb.47, 1978

zur Vegetation: s. ZIENERT 1979, S.28-4o = "Beispielgebiet"; + OBERDORFER + PHILIPPI + REZNIK, außerdem:
MÜLLER,T. & OBERDORFER,E.: Die potentielle natürliche Vegetation von Baden-Württemberg (m.farb.K.1:9oo.ooo). Beih.LSt.NSchutz etc. 6, 1974

ganz allgemein gibt es viele Beiträge in den Veröffentlichungen zu den Geographentagen Heidelberg 1963 und Mannheim 1981, verschiedenen Festschriften, z.B. für G.PFEIFER 1966 und H.GRAUL 1974; für große Teile des Gebietes s.Kreisbeschr.

zu anthropogeographischen Spezialthemen:
Landnutzung:
MUSALL,H.: Die Entwicklung der Kulturlandschaft der Rheinniederung zwischen Karlsruhe und Speyer vom Ende des 16. bis zum Ende des 19.Jahrhunderts. Heid.geogr.Arb.22, 1969
GLASER,G.: Der Sonderkulturenanbau zu beiden Seiten des Oberrheins zwischen Karlsruhe und Worms. Heid.geogr.Arb.18, 1967
MONHEIM,F.: Die Agrargeographie des Neckarschwemmkegels. Heid.geogr. Arb.5, 1961

TICHY,F.: Die Land- und Waldwirtschaftsformationen des Kleinen Odenwaldes. Heid.geogr.Arb.3, 1958
ländliche Siedlungen: s. auch WINTER 1957
METZ,F.: Der Kraichgau. Klrh.1922²
NITZ,H.J.: Die ländlichen Siedlungsformen des Odenwaldes. Heid.geogr. Arb.7, 1962
KOHNE,I.: Der südöstliche Odenwald und das angrenzende Bauland. Heid. geogr.Arb.13, 1964
Städte und zentrale Orte: s. auch WINTER 1961
SCHEUERBRANDT,A.: Südwestdeutsche Stadttypen und Städtegruppen bis zum frühen 19.Jahrhundert. Heid.geogr.Arb.32, 1972
HUGY,U.: Das rechtsrheinische Rhein-Neckar-Gebiet in seiner zentralörtlichen Bereichsgliederung auf der Grundlage der Stadt-Landbeziehungen. Heid.geogr.Arb.16, 1966
VETTER,R.: Alt-Eberbach 18oo-1975. Heid.geogr.Arb.63, in Vorber.

zur Geschichte und Kunstgeschichte:
allg.: DEHIO/GALL: Handbuch der deutschen Kunstdenkmäler, außer den neuen Länder-Ausgaben vor allem B.4, Rheinfranken, Berlin 1943
aus der Fülle der Heidelberg-Literatur nur zwei kleine Titel:
Zopf,A.: Der Altstadtwanderer. (38 S.) o.J.
BAIER,H.: Schloßführer. (36 S.) o.J.
Lokalführer anderer Orte:
Die Bergfeste Dilsberg. v.J.BERNHARD & M.PERKOW, HD 1961⁵ (44 S.)
Neckarsteinach. v.R.IRSCHLINGER, Mhm.1956 (44 S.)
Vierburgenstadt Neckarsteinach. v.H.FEUERER, Nst.1977 (4o S.)
Hirschhorn und seine Kirchen. v.J.H.VILLINGER, Schnell Kunstf.1o97, Mü.1977 (24 S.)
für größere Teilgebiete:
Hessen-Starkenburg und Umgebung. ohne Autor, o.J., Franzmathes-V.Ffm.
Die Burgen der hessischen Bergstraße. v.W.FRANCK, Heppenh.1923²(16o S.)
Aus Odenwald und Frankenland. v.K.SCHUHMACHER, Darmst.1929 (37o S.)
Führer zu vor- und frühgeschichtlichen Denkmälern, Hsg.Röm.-germ.
Zentralmuseum Mainz, B.3: Mannheim.Odenwald.Lorsch.Ladenburg
Mainz 1973 u.Nachdr. (181 S.)
weitere Lokalführer:
Das schöne Heppenheim. 1.Aufl.1oo S.,2.Aufl.136 S., v.H.WINTER,Hp.1959²
Die Starkenburg bei Heppenheim an der Bergstraße. v.F.KOOB, Darmst. 1955 (22 S.)
Das Auerbacher Schloß im Wandel der Zeiten. ohne Autor, o.J. (2o S.)
Zwingenberg. Hsg.KÜHLER, Zwb.1952 (32 S.)
Burg Frankenstein. v.F.KIRSCHNER, Darmst.o.J. (24 S., dt.+engl.)
Burg Lindenfels. v.C.MEHS-LUTHMER, Lind.1962 (19 S.)
Michelstadt im Odenwald. amtl.Führer, HD 1959 (64 S.)

Speyer. Kleine Stadtgeschichte. v.F.KLOTZ, Sp.1971 (2o6 S.)
Speyer am Rhein. Stadtführer. v.K.SCHULZ, Sp.1976⁵ (131 S.)
Der Dom zu Speyer. v.K.SCHULZ, Schnell Kunstf.6o7, Mü.1954 (16 S.)
Der Kaiserdom zu Speyer. v.F.KLIMM, Sp.1978 (15.Aufl.) (5o S.)

Ladenburg am Neckar. Amtlicher Führer durch die zweitausendjährige Stadt. HD 1958 (82 S.)
Schloß und Schloßgarten Schwetzingen. v.H.HUTH, große Baudenkmäler 295, Berlin 1975 (16 S.)
Schloß und Garten Schwetzingen. amtl.Führer, v.K.MARTIN, Klrh.(36 S.)

SCHRIFTTUM

ANDREAE,A. & OSANN,A.: Erläuterungen zur geologischen Karte 1:25.ooo, Bl.6518 Heidelberg, 1918³

Aufschluß, Sonderband 27: Mineralien und Gesteine im Odenwald. HD 1975

BACKHAUS,E.: Der Buntsandstein im Odenwald. - Aufschluß, Sb.27,S.299-32o, 1975

BARTZ,J.: Revision des Bohrprofils der Heidelberger Radium-Sol-Therme. - Jber.Mitt.oberrh.geol.Ver.,NF.33,S.1o1-125, 1951

BECKSMANN,E.: Die geologischen Verhältnisse der ehemaligen Neckarschlinge am Ohrsberg bei Eberbach im Odenwald. - Sitz.ber.Heid.Akad.Wiss.1939, mn.Kl., 6.Abh.,H.2,S.3-42, 1939

-,-: Entstehung und Entwicklung der Mauerer Neckarschlinge. - Mitt.bad.geol.LA. 1949, S.43-46, 195o

BRAUN,U.: Der Felsberg im Odenwald. Heid.geogr.Arb.26, 1969

CLOOS,H.: Einführung in die Geologie. Bd.1. Berlin 1936

CREDNER,W.: Die Oberflächengestaltung der kristallinen Gebiete von Spessart und Odenwald. Diss.HD (maschinenschriftl.) 1922

EICHLER,H.: Die pleistozänen Hangsedimente des Odenwaldrandes südlich Heidelberg. - Heid.geogr.Arb.4o, S.147-166, 1974

GEIGER,M.: Blockströme und Blockmeere am Königstuhl und Katzenbuckel im Odenwald. - Heid.geogr.Arb.4o, S.185-2oo, 1974

GRAUL,H.: Exkursionsführer zur Oberflächengestaltung des Odenwaldes. Heid.geogr.Arb.5o, 1977

GURLITT,D.: Geometrische Analyse einer Randscholle des Rheingrabens. - geol. Rd.3o, S.765-776, 1939

HASEMANN,W.: Erläuterungen zur geologischen Karte 1:25.ooo, Bl.6915 Eberbach, 1926

HAUSRATH,H.: Änderungen in der Bestockung des Pfälzer Odenwaldes. - forstwiss. Zentralbl.19o5 (zitiert nach RITTMAYER)

HELLER,F.: Die Bärenzähne aus den Ablagerungen der ehemaligen Neckarschlinge bei Eberbach im Odenwald. - Sitz.ber.Heid.Akad.Wiss.1939, mn.Kl.,7.Abh., H.3, 1939

HOFMANN,E.: Pflanzliche Reste aus der Tongrube am Ohrsberg bei Eberbach im Neckartal. - Sitz.ber.Heid.Akad.Wiss.1939, mn.Kl.6.Abh.,H.2,S.85-89, 1939

KOLB,A.: Zur Morphologie des Nordkraichgaues und des angrenzenden Kleinen Odenwaldes. bad.geogr.Abh.7, 1931

"Kreisbeschreibung": Die Stadt- und Landkreise Heidelberg und Mannheim. 3 Bd., 1966-7o

LIPPOLT,H. et al.: Die Kalium-Argon-Alter der postpermischen Vulkanite des nordöstlichen Oberrheingrabens. - Aufschluß, Sb.27,S.2o5-212, 1975

LÜSCHER,M.: Die stratigraphische Gliederung des Jungpleistozäns im Neckar-Schwemmfächer bei Heidelberg. - Aufschluß 32,S.191-199, 1981

LÜSCHER,M. et al.: Neue Ergebnisse über das Jungquartär im Neckarschwemmfächer bei Heidelberg. - Eisz.u.Gegenw.3o, S.89-1oo, 198o

MARTI,O.: Die Völker West- und Mitteleuropas im Altertum. Baden-Baden 1947

MEIER-HILBERT,G.: Sedimentologische Untersuchungen fluviatiler Ablagerungen in der Mauerer Neckarschleife. - Heid.geogr.Arb.4o, S.2o1-218, 1974

NITZ,H.J.: Die ländlichen Siedlungsformen des Odenwaldes. Heid.geogr.Arb.7, 1962

OBERDORFER,E.: Pollenanalytische Untersuchung der humosen Tonlinse in den Eberbacher Schichten. - Sitz.ber.Heid.Akad.Wiss.1939, mn.Kl.,6.Abh., H.2, S.91-94, 1939

-,-: Erläuterungen zur vegetationskundlichen Karte des Oberrheingebietes bei Bruchsal (mit farb.K.1:25.ooo). - Beitr.NDPflege 16, S.39-126, 1936

OLBERT,G.: Talentwicklung und Schichtstufen-Morphogenese am Südrand des Odenwaldes. Tüb.geogr.Stud.64, 1975

PFEIFER,G.: Heidelberg. - geogr.Rd.15, S.177-19o, 1963

PHILIPPI,G.: Erläuterungen zur Vegetationskundlichen Karte 1:25.ooo Bl.6617 Schwetzingen (mit farb.Karte). Stgt.1972

PRIER,H.: Tuffe und Sedimente des Rotliegenden im Odenwald. - Aufschluß, Sb.27, S.285-298, 1975

REZNIK,H.: Pflanzenwelt. - Kreisbeschreibung I, S.89-111, 1966

RICHTER,W.: Sedimentpetrographische Untersuchungen der Ablagerungen in der ehemaligen Neckarschleife am Ohrsberg bei Eberbach im Odenwald. - Sitz.ber. Heid.Akad.Wiss.1939, mn.Kl.,6.Abh.,H.2, S.43-72, 1939

RITTMAYER,O.: Die siedlungs- und wirtschaftsgeographischen Verhältnisse des Odenwaldes. bad.geogr.Abh.4, 1929

ROGER,L.: Geologischer Führer durch Heidelbergs Umgebung. HD 1928

SCHMIDT,K.G.: Ober bohnerzführendes Tertiär und Diluvium im Kraichgau. - Jber. Mitt.oberrh.geol.Ver.,NF.3o,S.48-91, 1941

SCHNEIDER,E.F. & H.: Synsedimentäre Bruchtektonik im Pleistozän des Oberrheintal-Grabens zwischen Speyer, Worms, Hardt und Odenwald. - Münst.Forschg. Geol.Paläont.36, S.81-126, 1975

SEMMEL,A.: Die pleistocäne Entwicklung des Weschnitztales im Odenwald. - Frankf.geogr.H.37,S.425-492, 1961

-,-: Schuttdecken im Buntsandstein-Odenwald. - Aufschluß, Sb.27,S.321-329,1975

-,-: Grundzüge der Bodengeographie. Stgt.1977

SIDKI,K.: Zu den tektonischen Lagerungsverhältnissen des Gebirges im alten Stadtgebiet von Heidelberg. - Jber.Mitt.oberrh.geol.Ver.,NF.59, S.1o5-111, 1977

SOERGEL,W.: Das geologische Alter des Homo heidelbergensis. - paläont.Z.1o, S.217-233, 1928

-,-: Die geologische Entwicklung der Neckarschlinge von Mauer. - paläont.Z. 15, S.322-341, 1933

STREMME,H.E.: Böden (mit farb.Karte). - Kreisbeschreibung I,S.82-89, 1966

STRIGEL,A.: Geologische Untersuchung der permischen Abtragungsfläche im Odenwald und in den übrigen deutschen Mittelgebirgen. - Verh.nat.med.Ver.HD, NF.12,S.63-172, 1912 und NF.13,S.1-243, 1914

-,-: Saxonische Schichtenaufbiegung und kretazisch-alttertiäre Landoberfläche in Südwestdeutschland. - geol.Rd.37, S.41-5o, 1949

WAGNER,G.A. et al.: Spaltspuren und ihre Bedeutung für die thermische Geschichte des Odenwaldes. - Aufschluß, Sb.27,S.79-85, 1979

WINTER,H.: Das Bauernhaus des südlichen Odenwaldes vor dem dreißigjährigen Krieg. Essen 1957

-,-: Das schöne Heppenheim. Hp.o.J.(etwa 195o); 1959²

-,-: Das Bürgerhaus zwischen Rhein, Main und Neckar. Tüb.1961

ZIENERT,A.: siehe die Liste auf der folgenden Seite.

KARTEN

topogr.Karten	1: 25.000	alle Blätter erschienen, siehe amtl.Übersichten
	1: 50.000	"
	"	Wanderkarte Naturpark Bergstraße-Odenwald (4 Bl.)
	1:100.000	Ravenstein Wanderkarte Odenwald (Odenwald-Club)
	1:200.000	Deutsche Generalkarte, Bl.16 und 18 (Autokarte)
geolog.Karten:	1: 25.000	alle erschienen, aber meist vergriffen
	1:100.000	KLEMM: Geologische Übersichtskarte des Odenwaldes. Darmst.1929² (vergriffen)
	1:200.000	Geologische Übersichtskarte von Württemberg, Bl.1 = NW, Stgt.1943, Nachdrucke als "... von Südwestdeutschland", reicht bis nördlich von Weinheim und Beerfelden
	"	neue Karte der Bundesrepublik noch nicht erschienen
	1:600.000	Geologische Übersichtskarte von Südwestdeutschland versch.Aufl., seit 1954 unverändert
Boden-Karten:	1: 25.000	Bl.6217 Zwingenberg/Bergstraße, als einziges
	ca.1:250.000	s. STREMME in der Kreisbeschreibung
	1:250.000	Rheinland-Pfalz
	1:300.000	Hessen (recht einfach)
Wuchsklimakarten nach ELLENBERG:		
	1:200.000	Baden-Württemberg, 1955/6, später nachgedruckt in 1:350.000
	"	Hessen, 1976
Vegetationskarten 1: 25.000		Bl.Schwetzingen s. PHILIPPI
		Umgebung Bruchsal s. OBERDORFER
in der Kreisbeschreibung B.I - Kartenmappe:		
	1: 50.000	topogr.K. der Stadt- und Landkreise Heidelberg und Mannheim
	"	archäologische Karte desselben Gebietes
	1:150.000	Oberflächenformen desselben Gebietes
	"	Geologische Übersicht desselben (recht einfach)
		weitere Karten in den Textbänden I-III

Dr. Adolf ZIENERT, D-69 Heidelberg, Gerbodoweg 7

LISTE DER BISHERIGEN VERÖFFENTLICHUNGEN

Die Großformen des Odenwaldes. Heid.geogr.Arb.2, 1957
 (156 S.u.Karten; Diss., abgeschlossen 1954; mündl.Prüfung 6.12.1954)

Die Großformen des Schwarzwaldes. Forschg.dt.Lk.128, 1961
 (1o3 S.u.Karten; abgeschlossen 1958)

Neue Arbeitshypothese zur Entstehung des Neckarsystems. - Forschg.dt.Lk.128,
 S.1o5-1o8, 1961

Erläuterungen zur Grundlagenkarte 1:5o.ooo Topographie vor 16oo. - Bauleitplanung
 Stadt Mannheim 1964 (Stadtplanungsatlas; Karte lag fertig vor, Korrekturen waren nicht mehr möglich)

Gran Paradiso - Mont Blanc: Prähistorische und historische Gletscherstände. -
 Eiszeitalter und Gegenwart 16, S.2o2-225, 1965

Die Stadt- und Landkreise Heidelberg und Mannheim I:
 Oberflächenformen, S.28-42, mit farbiger Karte;
 Naturräumliche Einheiten, S.127-13o; 1966 (abgeschlossen 1958)

Vogesen- und Schwarzwald-Kare. - Eisz.Gegenw.18, S.51-75, 1967

Gleiche Würm-Rückzugsstadien in den Gebirgen Mitteleuropas und Ostafrikas ? -
 Eisz.Gegenw.19, S.85-92, 1968

Die Stadt- und Landkreise Heidelberg und Mannheim II-III:
 Abschnitte "natürliche Grundlagen" aller Gemeinden; II 1968, III 197o

Würm-Rückzugsstadien vom Schwarzwald bis zur HohenTatra. - Eisz.Gegenw.21,
 S.58-7o, 197o

Die Würmvereisung und ihre Rückzugsstadien im Westteil des Hochschwarzwaldes
 (Teilrevision). - Z.Geomorph.17, S.359-366, 1973

Das Moränen-Amphitheater von Ivrea. - Heid.geogr.Arb.38, S.141-157 u.K., 1973

Historische und prähistorische Gletscherstände im Simmen-, Engstligen- und Kandertal. - Heid.geogr.Arb.4o (GRAUL-Festschrift), S.131-146 u.K., 1974

Die Würmeisstände des Aaregletschers um Bern und Thun. - Heid.geogr.Arb.49,
 S.1o-34 u.K., 1979 (eingereicht 1974)

Gletscherstände um Zermatt. - Heid.geogr.Arb.49, S.1-9 u.K., 1979 (eingereicht
 1975, mit Nachträgen Sommer 1977)

Klima-, Boden- und Vegetationszonen der Erde. Eine Einführung. Heid.geogr.Arb.
 53, 12o S., HD 1979

Eindeutige Bezeichnungen für Klimazonen. - F.MONHEIM-Festschrift, Aach.geogr.
 Arb.14, S.81-89, Aachen 1981

Die witterungsklimatische Gliederung der Kontinente und Ozeane. Heid.geogr.Arb.
 72, 1981 (mit farbiger Karte: Witterungsklimatische Zonen der Erde)

Westalpen-Gletscherstände, Ergänzungen und Zwischenbilanz 198o. - zum Druck eingereicht 198o (ca.20 S.)

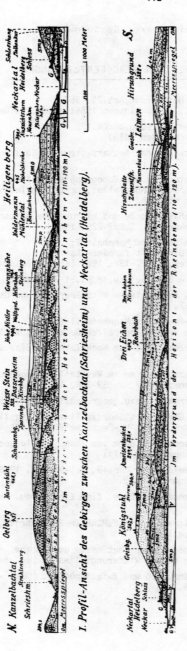

Abb.13 = I und Abb.17 = II:

Der Westrand des Odenwaldes vom Schriesheimer Kanzelbachtal über Heidelberg bis südlich von Leimen im geologischen Profil